JN087257

英語で理解する

未完の資本主義

インタビュー
大野和基

アルク

はじめに

　ここ2、3年、「ポスト資本主義」という言葉が独り歩きしているようだ。その言葉だけを聞くと、まるで資本主義の終焉が今すぐにでも到来するような印象を抱いてしまうかもしれない。かと言って、資本主義よりも優れたシステムがあるのだろうか。私の取材の契機は、その問いに対する答えを、世界的に著名なジャーナリストや経済学者に求めることだった。

　もし資本主義に1つの形しかなければ、確かに終焉がやってくるかもしれない。しかし、実際は資本主義にはいろいろな形があり、また現在、AI（人工知能）をはじめとするテクノロジーによって資本主義は変容を迫られてもいる。

　2008年にノーベル経済学賞を受賞し、世界で最も影響力がある経済学者だと言われているポール・クルーグマン氏は、私とは友人と言ってもいいほどの間柄だ。彼はAIが人間の仕事を奪うことはあり得ないと一蹴している。

　トーマス・フリードマン氏は『ニューヨーク・タイムズ』紙の名物コラムニストとして知られている存在だ。彼はピュリツァー賞を3回も受賞しており、著書『レクサスとオリーブの木』で世界的な名声を得た。彼は加速化する時代で生き残るためには、lifelong learner（生涯学習者）になるしかないと説いている。それは、私がこれまで数回インタビューした、『ライフ・シフト』の共著者であるリンダ・グラットン氏も強調していることである。

　文化人類学者のデヴィッド・グレーバー氏は米国人だが、現在ロンドン・スクール・オブ・エコノミクスで教授職を務めている。彼はアクティビストとしても世界的に有名で、ウォール街を占拠したOccupy Wall Streetの理論的指導者でもある。彼は *bullshit jobs*（どうでもいい仕事）についてのエッセイで世界的な耳目を集めたが、その中で、ゴミ収集や生産現場での作業のような人の役に立つ実践的な職ではなく、その職よりもはるかに高い給料をもらいながらも、自分では無意味だと思っている職に就いている人がどれだけ多いかを指摘している。

トーマス・セドラチェク氏は現在のチェコ共和国出身の経済学者だ。彼は著作『善と悪の経済学』で注目されたが、その続編として上梓した『続・善と悪の経済学　資本主義の精神分析』も、それ以上に注目を集めた。彼は資本主義を精神分析のアプローチで分析し、経済学を人間の本質から見る視点を示している。この斬新な視点は誰もが今まで考えたこともない視点であろう。

　タイラー・コーエン氏は米国の著名な経済学者で、著作の『大停滞』は経済危機以降の経済論争の焦点を変えたと言われるほどのインパクトを与えた。中間層の没落の原因は一般的にテクノロジーの発達であると言われているが、彼はその主因は「孤独」であると言っている。この考え方はある意味、新しい視点であると私は考える。

　ルトガー・ブレグマン氏はオランダのジャーナリストで、彼を世界的に有名にした著作がUtopia for Realistsだ。邦訳版は『隷属なき道　AIとの競争に勝つベーシックインカムと一日三時間労働』であるが、彼はその中で「何のために働くのか、真剣に考えなければならない」と言っている。日本語にkaroshi（過労死）という言葉があることを知りショックを覚えたという彼は、「人生の意義」を最重視すれば、ベーシックインカム（最低所得保障）がいかに有効であるかを説いている。

　ビクター・マイヤー＝ショーンベルガー氏はオックスフォード大学教授で、今は金融資本主義からデータ資本主義に移行する過渡期にあると述べ、「データ納税」という斬新なアイデアを提唱している。

　各人の話を聞くと、資本主義は完ぺきではないが、その形が変容していることがよくわかる。それは時代によって背景となる状況が異なるからであるが、とりわけテクノロジーの発展が資本主義の形の変容に寄与していることには誰も反論しないだろう。

　インタビューはすべて英語で行った。本書で彼らの考えを直接英語で触れる意義は大きいと思う。そして、セドラチェク氏のようにチェコ人であろうと、ブレグマン氏のようにオランダ人であろうと、英語を使って世界に発信していることを実感していただきたい。彼らにとっても私たちにとっても、英語は外国語であって母語ではないのだ。

　日本ではいまだに、英語があまりできなくても、片言で話せたらいいと主張する人が多くいる。もちろん、それはある意味当たってはい

るが、本当にそれでいいのだろうか。海外では、日本とは違い、教養があって英語ができない人はほとんどいない。

　発音の訛りは相手に伝わる限り、それほど問題ではない。しかし、母語では複雑なことが言えるのに英語では単純なことしか言えないとなると、教養がないのではないかと相手に誤解されかねない。語彙には「理解語彙」と呼ばれる、聞いたり見たりすると意味はわかるが自分では使えない語彙と、「表現語彙」と呼ばれる、自分が話したり書いたりするときに使うことができる語彙がある。そして理解語彙を表現語彙にできるだけ変えていくことが語学学習においてポイントとなる。というのも、ネイティブ・スピーカーは表現語彙のレベルで相手の知性を容赦なく判断するからだ。本当は知性が高いのに、表現語彙のレベルが低いことで知性が低いと思われることほど損なことはない。

　英語は日本人が外国語として習得するには難しい言語の1つであると言われているが、だからと言って、それは英語の習得を諦める理由にはならない。最も効率的な学習法は「**英語を**」学習することではなく、「**英語で**」いろいろな分野を掘り下げることだろう。日本語のメディアだけで世界情勢を知ろうとしたら、入ってくる情報量が少なくなり、情報も偏ったものになりがちである。話題になっているニュースは、『フィナンシャル・タイムズ』紙や『ニューヨーク・タイムズ』紙などが英語でどのように報じているか、毎日目を通すようにしよう。それによって実際に使われている英語に接することができ、さらにニュースに対する異なる視点を知ることもできるので、一石二鳥となる。また、日々英語をたくさん読んで情報収集することが、英語を話す技能にもよい影響を与えることは説明するまでもないだろう。毎日努力して、教養人として必要な英語力を身に付けていただきたい。

大野和基

目 次 CONTENTS

本書の構成

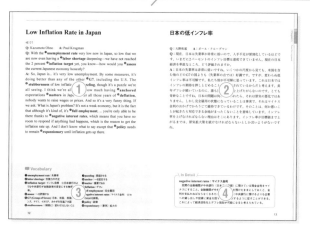

①スクリプト
話者が話していることの書き起こしです。
※「言いよどみ」などを一言一句正確に文字起こししたものではありません。ご了承ください。

②訳
①の翻訳です。

③語注
重要な単語、フレーズには注釈を付けています。

④In Detail
話されている内容で、特に注意すべき点は解説がついています。

有効な学習法

1. まず聞く！

◀00は音声のトラック番号です。
知の巨人たちの生の声に耳を傾けましょう。一度で理解できなくても、何について語っているかを想像してみましょう。

2. スクリプトを見ながら聞く！

スクリプトを見ながらもう一度聞いてみましょう。
分からない単語や聞き取れなかった部分はチェックしていきましょう。

3. 訳を読み、理解を深める！

訳を読みながら話の内容について理解を深めます。2でチェックした部分の英語と訳を対照させて、英語の言い回しを細かく調べてみましょう。
各Chapter最後の「重要単語＆フレーズ」も活用してください。

4. 再度聞く！

3で納得いくまでインタビューを研究したら、再度音声を聞いてみましょう。
英語の音を聞きながら内容にまで意識を向けることができたら、成長のあかしです。

無料ダウンロード音声について

本書の音声はパソコンやスマートフォンに無料でダウンロードできます。

【パソコンの場合】

アルクダウンロードセンターで、「英語で理解する未完の資本主義」か、商品コード「7020033」で検索して、音声をダウンロードしてください。

アルクダウンロードセンター
https://www.alc.co.jp/dl

【スマートフォンの場合】

1. 語学学習用アプリ「ALCO」のダウンロード

スマートフォンにアルクのアプリ「ALCO」をダウンロードします。
Apple Store、Google Play などから「ALCO」で検索するか、以下のQRコードを読み取り、「ALCO」のダウンロードを行ってください。

2. ログイン

アルクのメールアドレスID とパスワードでログイン。ID をお持ちでない方は新規登録（無料）が必要です。

3. 本書の音声をダウンロード

ALCOのホーム画面から「ダウンロードセンター」をタップ。商品コード「7020033」で検索して無料音声をダウンロードしてください。

ALCOには再生スピードの変更（0.5～3倍）や、AB間指定リピート（指定箇所のリピート再生）など、学習をサポートする便利な機能が搭載されています。

Chapter 1

Paul Krugman

Profile

ポール・クルーグマン　経済学者
おもな専門分野は国際貿易。2008年にノーベル経済学賞受賞。
1953年に米国ニューヨーク州で生まれる。イェール大学で学士号を、MIT（マサチューセッツ工科大学）で博士号を取得した後、イェール大学、MIT、スタンフォード大学、プリンストン大学で教鞭を取り、現在ニューヨーク市立大学大学院センター教授。
1982～83年には大統領経済諮問委員会のスタッフを務め、近年ではアベノミクスの理論的支柱としても注目を集めた。
『クルーグマン教授の経済入門』（ちくま学芸文庫）、『2020年 世界経済の勝者と敗者』（講談社）、『クルーグマン マクロ経済学（第2版）』、『クルーグマン ミクロ経済学（第2版）』（以上、東洋経済新報社）など、多数の著作が邦訳されている。

"I think that something like the welfare state capitalism of all advanced countries now is still the best system we've managed to devise. "

私は、現在ある全ての先進国が採用している
福祉資本主義のようなものが、私たちが考案することのできた
最良のシステムだと考えています。

Interview Point

　クルーグマン氏には、まず低インフレ率や生産年齢人口の減少という日本の経済が直面している問題点について語っていただいた。

　続いて話題は、AI（人工知能）をはじめとするテクノロジーの発達が経済や生活に及ぼす影響へと発展するが、彼がAIに対して、大量失業をもたらすことはないだろうという楽観的な展望を持っていることに注目したい。

　また、彼は人々のあいだの経済的格差に深い憂慮を表し、現在われわれは一握りの富裕層が経済を寡占する未来と、富が国民にバランスよく分配される未来の「分岐点」におり、後者の道に進むためには努力をすることが必要だと論じる。さらに資本主義の今後については、それに代わるシステムはなく、国民全体に富の分配が行きわたる、福祉面を強化した福祉資本主義のような形態がベストだという考えを述べている。

Low Inflation Rate in Japan

◀ 01

Q: Kazumoto Ohno   **A:** Paul Krugman

Q: With the ❶**unemployment rate** very low now in Japan, so low that we are now even having a ❷**labor shortage** deepening—we have not reached the 2 percent ❸**inflation target** yet, you know—how would you ❹**assess** the current Japanese economy honestly?

A: So, Japan is... it's very low unemployment. By some measures, it's doing better than any of the other ❺**G7**, including the U.S. The ❻**stubbornness** of low inflation is ❼**puzzling**, though it's a puzzle we're all seeing. I think we're all seeing how much having ❽**anchored** expectations ❾**matters** in Japan. After all those years of ❿**deflation**, nobody wants to raise wages or prices. And so it's a very funny thing. If we ask: What is Japan's problem? It's not a weak economy, but it is the fact that although it's kind of, it's ⓫**full employment**, ... you're only able to be there thanks to ⓬**negative interest rates**, which means that you have no room to respond if anything bad happens, which is the reason to get the inflation rate up. And I don't know what to say except that ⓭**policy** needs to remain ⓮**expansionary** until inflation gets up there.

💬 Vocabulary

❶ **unemployment rate**：失業率
❷ **labor shortage**：労働力の不足
❸ **inflation target**：インフレ目標　☆日本銀行のような中央銀行が金融政策の目安にする物価上昇率。
❹ **assess**：〜を評価する
❺ **G7 (Group of Seven)**：日本、米国、英国、フランス、ドイツ、イタリア、カナダの先進7カ国
❻ **stubbornness**：（頑固に）変わろうとしないこと

❼ **puzzling**：困惑させる
❽ **anchor**：〜を固定する
❾ **matter**：重要である
❿ **deflation**：デフレ
⓫ **full employment**：完全雇用
⓬ **negative interest rates**：マイナス金利　☆In Detailを参照。
⓭ **policy**：政策
⓮ **expansionary**：（景気）拡大の

日本の低インフレ率

Q：大野和基　　**A**：ポール・クルーグマン

Q：現在、日本は失業率が非常に低いので、人手不足が深刻化しているほどです。いまだに2パーセントのインフレ目標は達成できていません。現在の日本経済を率直なところ、どう評価されますか。

A：日本の失業率は非常に低いですね。いくつかの尺度から見ても、米国を含む他のどのG7の国よりも（失業率の点では）好調です。ですが、変わらぬ低インフレ率は不可解です。私たち皆が不可解に思っています。これは日本ではインフレの期待を押しとどめることが重要視されているからだと考えます。長年デフレが続いているのに、誰も賃金や物価を上げたがらないのです。とても奇妙なことですね。日本の問題は何かと問われたら、それは景気の悪化ではありません。しかし完全雇用の状態になっていることは事実で、それはマイナス金利のおかげでかろうじて維持できているわけです。そのことは、何か悪いことが起きたら対応できる余地がまったくないことを意味しています。インフレ率を上げなければならない理由はそこにあります。インフレ率が目標値まで上がるまでは、景気拡大策を続けなければならないとしか言いようがないですね。

＼ **In Detail** ／

negative interest rates：マイナス金利
　民間の金融機関が中央銀行（日本では日銀）に預けている預金金利をマイナスにすること。金融機関が中央銀行に資金を預けたままにしておくと、金利を支払わねばならなくなるため、金融機関に中央銀行に預けるよりも企業への貸し出しや投資に資金を回すことを選択するように促すことができる。これによって経済活性化とデフレ脱却が可能になると考えられている。

Japanese Demography and Immigration

Shrinking Working-age Population

◀ 02

Q: As you know, Japan is the only country that has seen no increase in **❶ productivity** among the **❷advanced nations**. Would this be due to **❸ prolonged** deflation or the decrease in the working-age population?

A: I didn't think that Japan... Over what time period has Japan not had productivity growth? I thought Japan has done all right. I mean, last I looked, actually, Japanese **❹economic performance** for the past 25 years, if you look at the growth in **❺GDP** per working-age person, it's **❻ comparable to** the U.S. The lost decades really are a long time, long ways behind us now. And so Japan has a real, a huge problem of **❼ demography**. It has the most rapidly **❽aging** population. It has a working-age population that has been shrinking more than 1 percent a year, so that leads to low economic growth. The days when Japan was **❾ racing ahead of** everybody are also a long time ago, but Japan seems to be keeping up. So it's really mostly just low **❿fertility** and **⓫intolerance** of **⓬ immigration** that make Japan special, not other things.

💬 **Vocabulary**

❶ productivity：生産性
❷ advanced nation：先進国
❸ prolonged：長引く
❹ economic performance：（マクロ経済から見た）景気動向　☆インフレ率、失業率、実質GDP、財政赤字のGDP比が指数になる。
❺ GDP (gross domestic product)：国内総生産　☆一定期間に国内で生み出された付加価値の総額。
❻ comparable to ～：～に匹敵する
❼ demography：人口動態
❽ aging：高齢化が進む

日本の人口動態と移民

生産年齢人口の縮小

Q：ご存じのように、日本は先進国の中で生産性がまったく伸びていない唯一の国です。これは長引くデフレや、生産年齢人口の減少のせいでしょうか。
A：日本はそんなことはなかったと思いますよ。どの期間にわたって生産性の伸びがなかったというのでしょうか。日本はよくやっていると思います。と言うのも、前回、私が過去25年間の日本の景気動向を調べた際は、生産年齢人口1人あたりのGDPの伸びは米国に匹敵していました。今や、失われた何十年というのは、ずっと昔のことでしょう。それで、日本には人口動態という深刻で大きな問題があります。日本は（先進国では）最も急速に高齢化している人口を抱えているのです。生産年齢人口は年に1パーセント以上縮小し続けており、そのことが経済成長の低下につながります。日本が各国をしのいで急成長していたのはずっと昔のことですが、日本は各国に遅れずについていっているようです。ですから、日本を特異な状況にしているのは、他の要因ではなく、おもに出生率の低さと移民に対する不寛容なのです。

❾ race ahead of ~：～をしのいで急成長する
❿ fertility：出生率
⓫ intolerance：不寛容
⓬ immigration：移民

Accepting More Immigrants

◀ 03

Q: Talking about **❶immigrants**, Japan's **❷parliament** just passed an immigration law two days ago, Saturday, that aids attracting **❸354,000** foreign workers over the next five years, seeking to **❹plug** gaps in the country's rapidly shrinking and aging **❺workforce**.

A: It's the problem that we all have. We all have economic systems that rely upon working-age people to support retired people, and we have large social programs—actually, Japan's a bit smaller—but still **❻extensive** social programs. We also all have sharp declines in fertility, which creates a problem. And one way to deal with that is to have more immigrants, which then the problem is one of, basically cultural. Are you prepared to accept **❼substantial** immigration?

And five years ago, I would have said the great advantage of the United States is that we're **❽tolerant** towards immigrants and Japan is not. I'm not sure that we, as in so many things, it's turned out that we are not quite who we thought we were, or not who I thought we were.

But Japan... Well, of course Japan has never been a country that said that whatever your **❾ethnic**, **❿racial** **⓫origins**, if you were born in Japan, you're Japanese. It's always been actually both a racial and a cultural thing. If you were... You have to be both racially Japanese and not have been exposed too much to foreign cultures. And that's been a real handicap. Now, it turns out that the rest of us are having our own... These things are maybe kind of **⓬universal** in human nature, but Japan has been an extreme case. And maybe economic necessity will make Japan willing to at least accept some more immigrants.

💬 Vocabulary

❶ immigrant：移民（人を指す）
❷ parliament：国会
❸ 354,000：正しくは約345,000

❹ plug：〜を埋める
❺ workforce：労働力
❻ extensive：大規模な

さらなる移民の受け入れ

Q：移民と言えば、日本の国会は2日前の土曜日（2018年12月8日）に、移民法（改正出入国管理法）を成立させたところです。この移民法は、わが国の急速に縮小および高齢化している労働力を補うために、今後5年間で35万4,000人の外国人労働者を受け入れることを促進します。

A：労働力の減少は各国が抱えている問題です。各国の経済システムは、生産年齢の人々が退職した人々を支えることをあてにしていますし、大規模な社会保障プログラムも持っています。実際は日本のプログラムはやや小さめですが、それでも大規模な社会保障プログラムです。また各国では出生率が急激に低下しており、問題を引き起こしています。その問題に対処するための1つの方法が移民をもっと受け入れることですが、そうするとおおむね文化的な問題が生じます。日本は相当な数の移民を受け入れる覚悟ができていますか。

　そして5年前なら、私は米国の大きなアドバンテージは移民に対して寛容なことであり、日本はそうではないと言っていたでしょう。しかしそれはどうでしょうか。ほかの多くのことにおいてもそうですが、アメリカ人はまったく自分たちが思っていたような国民ではないことが、少なくとも私が思っていたような国民ではないことがわかったからです。

　しかし日本はもちろん、民族的および人種的出身が何であろうと日本で生まれたからには日本人であるとする（米国のような）国になったことは一度もありません。日本では常に人種面、文化面の両方が重視されてきたのです。日本人になるためには、人種的に日本人であり、また外国文化に染まり過ぎていてはいけないのです。そのことが移民受け入れの大きな障壁であり続けてきました。今やその他の国にもそのような障壁がそれぞれあることがわかっていますが……。こういった障壁はおそらく人間の本質において普遍的なものでしょうが、日本は極端なケースです。そしておそらく経済的な必要性から、日本は少なくともさらなる移民の受け入れをいとわないようになるでしょう。

❼ substantial：相当な　　　　　　　❿ racial：人種の
❽ tolerant：寛容な　　　　　　　　⓫ origins：（通常複数形で）出身
❾ ethnic：民族の　　　　　　　　　⓬ universal：普遍的な

Immigrants Are Fiscal Plus

◀ 04

Q: Would taking immigrants become a **❶panacea** for economic growth in Japan?

A: It helps economic growth a little bit, but it really, really helps the **❷ fiscal ❸outlook**. If you have an aging population, then if you can bring in young working-age immigrants who pay into the system, and it depends on what their rights are, but even if they have the right to full **❹benefits**, they won't be collecting those for 30 years, so you're giving yourself a... It's a huge fiscal plus. In terms of supporting the **❺tax and transfer system**, bringing in young immigrant workers is ideal. To move Japan's economic growth up to the kinds of levels that people would like to see would require a huge amount of immigration. You have a working-age population that's shrinking more than 1 percent a year, are you prepared to accept immigrants at the rate of 1 percent of working-age population a year? That's a lot of people. And I suspect that... I'm not even sure that the United States would be willing to see that level of immigration, and certainly not now.

🗨 **Vocabulary**

❶ panacea：万能薬、万能の解決策
❷ fiscal：財政の
❸ outlook：見通し
❹ benefits：(複数形で) 給付金、手当

❺ tax and transfer system：税制と所得の移転の システム　☆ここでは租税による富の再分配を指し ている。

18

移民は財政的なプラス

Q：移民の受け入れは日本の経済成長にとって万能の解決策となるのでしょうか。

A：経済成長にも少しは役立ちますが、それよりも財政上の見通しのために、非常に、非常に役立ちます。高齢化する人口を抱えていたら、年金制度にお金を払ってくれる若い生産年齢の移民を受け入れたらいいのです。彼らの権利がどんなものかにもよりますが、彼らが全額給付の権利を有していたとしても、30年間はその給付金を受け取りません。ですから、それは財政上とても大きなプラスとなります。税制と所得の移転のシステムを支える点から、若い移民労働者を受け入れることは理想的です。日本の経済成長を人々が期待するレベルまで引き上げるためには、膨大な規模の移民が必要です。日本では生産年齢人口が年に1パーセント以上縮小しているので、1年ごとに生産年齢人口の1パーセントの割合にあたる人数の移民を受け入れる覚悟はできていますか、ということです。それは大勢の人になりますよ。米国でさえ、そのレベルの移民を受け入れる意思があるのかわかりません。今はもちろんないでしょう。

AI and Universal Basic Income

Application rather than Development

◀ 05

Q: Let's talk about **❶AI**, artificial intelligence. AI and **❷IOT**, Internet of Things, **❸are referred to as** the "fourth industrial revolution." And still Japan does not have much of a **❹presence** in the world in these fields. What **❺factors** would be making it hard to see the creation or birth of innovation from Japanese companies?

A: What matters for economic growth is mostly the **❻application** of technology rather than the development of it. So it doesn't really matter if artificial intelligence applications or Internet of Things is being developed in Silicon Valley. That's much less important than whether you are making use of it for technology. And so it's not clear to me at all that Japan is behind in the application. I mean, everyone is finding that we have a lot of **❼big talk** and some very **❽conspicuous** applications, but it's not really showing in the productivity numbers yet.

💬 **Vocabulary**

❶ AI (artificial intelligence)：人工知能
❷ IOT (Internet of Things)：モノのインターネット
　☆モノ同士がインターネットでつながり、相互に制御
　すること。

❸ be referred to as ~：~と言われている
❹ presence：存在感
❺ factor：要因

AIとユニバーサル・ベーシックインカム

開発よりも応用

Q：AI、人工知能について話しましょう。AIとIOT、つまりモノのインターネットは、「第四の産業革命」と言われています。そして日本はまだこれらの分野において、世界であまり存在感がありません。どんな要因が、日本企業によるイノベーションの創造や誕生を難しくしているのでしょうか。

A：経済成長のために大切なものは、テクノロジーの開発ではなく、主としてテクノロジーの応用です。ですから、人工知能のアプリやIOTがシリコンバレーで開発されていても気にしなくていいのです。どこで開発されているかということは、そういったものをテクノロジーのために活用しているかどうかということと比べると、重要度がずっと低くなります。そして私は、日本がテクノロジーの応用の点で後れを取っているとはまったく言い切れないのです。ほら、私たちは皆、（シリコンバレーの）たくさんの大風呂敷やとても人目を引くアプリに注目してはいますが、そういったことは、まだ生産性の数値には表れていません。

❻**application**：応用、（コンピューターの）アプリケーション
❼**big talk**：大風呂敷、大言壮語
❽**conspicuous**：人目を引く

Problems of Basic Income

🔊 06

Q: Some people argue that the government should provide a **❶basic income** to those who become unemployable due to AI or the prevalence of AI. What is your take on the idea of a basic income, which has become a **❷ buzzword** these days?

A: So the AI thing, I think, is exaggerated, but there are always people whose **❸livelihood** is **❹eliminated** by change—technological, market. And becoming unemployable, that's a long, we're a long way from that being a... Mass technological unemployment is not yet a thing. So I have looked at the universal basic income **❺proposals** for the U.S., and the trouble with them is that if you really want to do that, and provide an adequate income for everybody to live on, that everyone can live on, it's very expensive. It's a huge amount of money. Whereas a system of **❻ means**-tested, situation-tested benefits can provide an adequate living for people who really need it and costs a lot less money. And it's **❼ problematic**. I mean, if you means-test your benefits, then you're effectively **❽imposing** a high tax rate on people.

If they start to earn income, their benefits are cut, and so it reduces the **❾incentive** to seek work. It's not clear how big of a problem that is. And for now, at least, I just can't **❿go with** it. It's just too much money. If really mass **⓫displacement** of work by computers happens, then sure, then we can reconsider it. But as it is, if we look at our... We're not having a problem of job creation. It's not happening yet.

💬 Vocabulary

❶ **(universal) basic income**：(ユニバーサル) ベーシックインカム、最低所得保障 ☆政府が国民全員に生活に最低限必要な現金を無条件に給付する社会保障制度。
❷ **buzzword**：流行語、話題の言葉
❸ **livelihood**：生活手段
❹ **eliminate**：〜を排除する、なくす
❺ **proposal**：提案

ベーシックインカムの問題点

Q：AIあるいはAIの普及によって失業する人たちに政府はベーシックインカムを支給すべきだと主張する人もいます。最近話題になっているベーシックインカムという考えに対するご意見をお聞かせください。

A：AIというものは誇張されていると思います。しかしテクノロジーや市場の変化によって生活手段がなくなる人々は常にいるわけです。そして失業についてですが、テクノロジーによる大量失業はまだ、遠い先のことでしょう。私は米国のユニバーサル・ベーシックインカムの案に目を通してみたのですが、問題点は、もし本当に実行して、生活していくために十分な収入を全国民に支給したら、非常に高くつくということです。莫大な金額です。その一方で、収入や状況を調べたうえで支給する給付金システムだと、本当に給付を必要とする人たちに十分な生活費を与えることができ、はるかに安くつきます。ですからベーシックインカムには問題があるのです。もし収入を調べて給付金額を決めるなら、人々に効率的に高い税率を課すことができますね。

　給付を受ける人が収入を得るようになったら、給付金がカットされます。そうすると仕事を求めようとする動機が減少してしまいます。ベーシックインカムの問題がどれほど大きいかはわかりませんが、今のところ、少なくとも私は賛成できません。お金がかかりすぎるのです。もし本当にコンピューターが人に取って代わることが大量に起きれば、もちろん、その時に私たちは再考すればいいのです。しかし現状では、雇用創出の問題は起きていません。まだ問題は起きていないのです。

❻means：収入、財力
❼problematic：問題のある
❽impose：（税など）を課す
❾incentive：動機

❿go with ~：〜に賛成する
⓫displacement：置き換え　☆ここではAIが人に取って代わることを指している。

And if you look at the areas of most rapid employment growth, they are health care and personal services, which are so far not ⑫**amenable to** replacement by AI. If people say "Well, if robots were running the factories, where will people work?" Well, hardly anybody works in factories anyway, at this point. All the really big job growth stuff are... Really, a lot of the categories of rapid job growth turn out to be some form of nursing. And we don't have robot nurses yet. Now, Japan's experimenting a little bit with ⑬**telepresence** and that sort of thing, but it's a long way from becoming a major impact.

💬 **Vocabulary**

⑫**amenable to ～**：～に対応［適応］した
⑬**telepresence**：テレプレゼンス　☆離れた場所にいても、そこに存在しているかのように感じさせる技術。

　そして最も急速に雇用が伸びている分野は何かといえば、ヘルスケアとパーソナル・サービスですが、それらの分野はこれまでのところAIによる代替えには向いていません。「もしロボットが工場を管理していたら、人間はどこで働けばいいのだろう」と心配する人もいますが、現時点では、いずれにしてもそのような工場で働いている人はほとんどいません。そして雇用が非常に伸びている分野は、急速に雇用が伸びているカテゴリーの多くは、看護と何らかの形で関わっていることがわかっています。ロボットの看護師はまだ登場していませんよね。現在、日本はテレプレゼンスなどの実験を少し行っているようですが、大きな影響をもたらすまではまだ遠いでしょう。

Dealing with Disparities

Q: What would be the economic policies for narrowing the gap?

A: There are two things you could do to narrow economic ❶**disparities**: ❷ **predistribution** and ❸**redistribution**. You can try and change the ❹ **wages** that actually get paid. You can have ❺**unions**, you can have minimum wages, you can try to ❻**ensure** that jobs pay ❼**decently**, even if workers have limited ❽**bargaining** power. And historically, that's often worked quite well. And let me say that there's a lot of ❾**scope** for that, certainly in the contemporary U.S. economy. We have minimal ❿ **unionization** now. And it's not because it couldn't be... A lot of service jobs could be... could have ⓫**collective bargaining**, could pay higher wages. And it's really odd. I mean, there was just a... We're seeing a lot now saying, "Oh, we're having a shortage of personal care workers. What can we do about the shortage?" And the answer is: Pay them more. That will attract more people in and also could help generate middle-class jobs.

Then the other thing you can do is redistribution—you know, tax and transfers. And so, universal basic income is an extreme form of that, but you can do a lot of things. You can provide ⓬**health care for everybody**, which we're closer to in the United States than we were, but could do more. And if you ask who pays for that, well, basically it's highly paid people pay most of the taxes that support that. You can provide aid for children. You can provide income supports for people in hardship. And maybe eventually that becomes a general guarantee of income. But the point is that the wealth is there. The economy's productive. You can take, you can collect taxes and use it to ensure a decent standard of living. The problem on that is really political, not economic.

💬 **Vocabulary**

❶ disparity：格差
❷ predistribution：前配分
❸ redistribution：再配分

❹ wage：賃金　☆minimum wageで「最低賃金」。
❺ union：労働組合
❻ ensure：～を保証する、確実にする

経済的な格差に取り組む

Q：格差を狭める経済政策とは何でしょう。

A：経済的な格差を狭めるためにできることは2つあるでしょう。それらは「前／分配」と「再／分配」です。（「前／分配」とは）実際に支払われる賃金を変えようとすることです。労働者の交渉力が限られているとしても、労働組合を作ったり、最低賃金を保証させたり、仕事で適切な賃金を得られるよう保証させたりすることができます。そして歴史的に見ても、その方法はしばしばとてもうまくいっていました。そして現代の米国経済においてももちろん、そのようなことをする余地はたくさんあります。今、米国では労働組合の組織化は最低限のレベルですが、それは組織化が無理だったからではありません。多くのサービス業の仕事は団体交渉し、より高い賃金にすることができるでしょう。そして本当に奇妙なことに、多くの人が今、「パーソナルケア・サービスの労働者が不足している。この労働者の不足に対してどうしたらいいのだろう」と言っています。答えは賃金を上げることです。そうすれば多くの労働者を集めることができますし、中間層の仕事を作り出すことにも役立ちます。

　それから格差を狭めるためにできるもう一方のことは「再／分配」です。つまり、税制と所得の移転です。ユニバーサル・ベーシックインカムはその極端な形ですが、ほかにもできることはたくさんあります。例えば国民皆保険を提供することができます。米国ではこれまで以上にこの制度の実現に近づいていますが、もっと推し進められるでしょう。そして誰がその資金を払うのかと言えば、基本的には、高収入の人々がその制度を支える税金のほとんどを払うことになります。子どもたちに援助を提供することもできます。困窮している人々に所得補助金を支給することもできます。そしてそれが最終的には全国民対象の所得保証になるかもしれません。ポイントは分配のための富があるということです。経済は生産的なものです。税金を徴収し、それを国民の人並みの生活水準を保証するために使えばいいのです。そのことについての問題は経済の問題ではなく、本当は政治的な問題なのです。

---

❼decently：適切に、人並みに　　　　　**❿unionization**：（労働）組合化
❽bargaining：交渉　　　　　　　　　**⓫collective bargaining**：団体交渉
❾scope：（活動などのための）余地、機会　**⓬health care for everybody**：国民皆保険

At a Fork in the Road

🔊 08

Q: What kind of picture would you see in the future? Dim, dark, bright future?

A: I think we have a **❶fork** in the road. I'm not sure which future we get. We certainly could be headed for an **❷oligarchy**—a handful of wealthy people with huge amounts of, a huge share of the economy and also effectively political **❸dominance**. If democracy and extreme **❹concentration** of wealth are **❺incompatible**, it might be democracy that goes, that loses, so we could end up just with an extreme **❻elitist** society. On the other hand, we could have something that... We could have a whole series of **❼measures** that **❽redress** the balance.

I mean, I grew up in a middle-class society in the 1960s and '70s, and that middle-class society was... didn't just happen **❾spontaneously**. It was largely created by political action in the 1930s and '40s, and not just in the United States but across many wealthy countries. So we could do that again. So that's the other fork. And, obviously, you know which one I'm trying to make happen in my own way. But I think the future is very much **❿up in the air**.

💬 **Vocabulary**

❶ fork：分岐点、二股
❷ oligarchy：寡頭政治
❸ dominance：支配

❹ concentration：集中
❺ incompatible：相容れない
❻ elitist：エリート主義者

分岐点にいる私たち

Q：未来に対してどのようなイメージを抱いていますか。薄暗い、暗い、それとも明るい未来ですか。

A：私たちは分岐点にいるのだと思います。どちらの未来に行くかはわかりません。私たちは寡頭政治に向かっているかもしれません。それは一握りの富裕層が経済を寡占し、また効果的に政治を支配していることを意味します。もし民主主義と富の極端な集中が相容れないとするなら、駆逐されるのは民主主義かもしれません。そうしたら結果的に極端なエリート主義の社会になってしまうかもしれません。その一方で、私たちはバランスを取り戻すための一連のさまざまな対策を講じることができるかもしれません。

　私は1960年代から70年代にかけて中流階級で育ちました。中流階級は自然発生的に生まれたわけではありません。大部分は1930年代と40年代の政治活動によって作り出されたのです。これは米国だけでなくほかの多くの豊かな国でも起きたことです。ですから私たちは同じようなことがまたできるでしょう。それがもう一方の道です。もちろん、私がどちらの道を自分で実現しようとしているかおわかりでしょう。しかし、未来はかなり漠としたものだと思いますよ。

❼ **measures**：(しばしば複数形で) 対策、手段
❽ **redress**：〜を是正する、(バランス) を取り戻す
❾ **spontaneously**：自然発生的に

❿ **up in the air**：未解決で、宙に浮いて、漠然とした

The Future of Capitalism

No Alternative to Capitalism

🔊 09

Q: Some say that **❶capitalism** has reached a dead end. They are talking about post-capitalism. Capitalism will become **❷obsolete**?

A: I think it's really hard to come up with **❸alternatives**. I mean...

Q: A new economic system?

A: We've tried **❹central planning**. We've tried a system where somebody just gives the orders, and that doesn't work very well. So, you want some kind of **❺decentralized** system. And what are the **❻signals**? How does a decentralized system operate? What gives people an incentive to produce what other people want? And it ends up being hard to see doing it without prices as some part of it, and it's hard to see the prices mattering unless you have some form of **❼private property** and **❽ownership**, so you end up with something that looks a lot...

I mean, capitalism is not an **❾arbitrary** system. It's there for some very good reasons. And I guess maybe I'm lacking in imagination, but I still think that something like the **❿welfare** state capitalism of, really of all advanced countries now is still the best system we've managed to **⓫devise**. It's capitalism with the rough edges **⓬sanded down**. We rely on the profit motive, we rely on self-interest, we rely on markets, but we use **⓭regulation** and taxes and government benefits to limit the **⓮harshness** of the system.

💬 **Vocabulary**

❶ capitalism：資本主義
❷ obsolete：時代遅れの
❸ alternative：代わりとなるもの
❹ central planning：中央指令型経済　☆社会主義国に見られる、中央集権的な政府が決定した計画を実行する経済体制。

❺ decentralized：分権的な
❻ signal：きっかけ、動機
❼ private property：私有財産
❽ ownership：所有権
❾ arbitrary：いいかげんな、気まぐれな
❿ welfare：福祉

資本主義の未来

資本主義に代わるものはない

Q：資本主義は行き詰まっていると言う人もいます。彼らはポスト資本主義について話しています。資本主義は時代遅れになるのでしょうか。

A：代わりのものを考え出すのはとても難しいと思いますよ。つまり……

Q：新しい経済システムを？

A：人々は中央指令型経済を試みました。つまり誰かが命令を出すシステムを試みたわけですが、それだとうまく機能しません。ですから、分権的なシステムのほうがいいわけです。それでは分権的なシステムの動機は何でしょう。そのシステムはどのように運用されるのでしょう。人々が他者が欲しがるものを生産する動機となるのは何でしょう。結局のところシステムに価格が含まれていなければシステムは機能せず、ある種の私有財産と所有権を認めない限り価格の重要性がなくなってしまうわけです。ですから、結局は資本主義みたいなシステムになるのです。

　資本主義は気まぐれに採用されたシステムではありません。それ相応の理由があるから存在しているのです。私には想像力が欠落しているのかもしれませんが、それでも、現在ある全ての先進国が採用している福祉資本主義のようなものが、私たちが考案することのできた最良のシステムだと考えます。福祉資本主義は資本主義の荒削りの部分を洗練させたものです。そのシステムでは、私たちは利潤動機、自己利益、市場（といった資本主義の要素）に依存していますが、規制、税、政府による給付金などを用いてシステムの過酷さを制限するのです。

⓫ devise：〜を考案する
⓬ sand down 〜：〜に紙やすりをかける、〜を洗練させる
⓭ regulation：規制
⓮ harshness：厳しさ、過酷さ

What Capitalism Lacks

◀ 10

Q: So, you can say capitalism is the ❶ **end product** of natural economic evolution?

A: Well, as far as we can see. I mean, it's possible that in... I mean, you have to tell me what the alternative system is going to be. What we actually have is, in some ways, a mixed system. At this point it's mostly market, but not all. Many countries have, actually do have centrally planned health care. So whether it's... Britain is the most famous, but a number of countries have, simply have, health care provided by the government directly.

Q: Like Japan.

A: Yeah. And those work. Actually, as far as we can tell, they work better than the market. Capitalism does not work for health care. You can imagine an economy in which that ❷ **domain** gets much bigger. I guess you can... Other things sort of ❸ **cooperative**, nonprofit, those can work in some limited areas, but mostly not. But a whole system where you replace capitalism with something else, I'm just having a hard time seeing it.

🗩 **Vocabulary**

❶ end product：最終結果 [製品]　　　　　❸ cooperative：協同組合（の）
❷ domain：領域、分野

資本主義に欠けているもの

Q：それでは資本主義は経済の自然進化の最終形態ということですか。

A：わかっている限りにおいて、そのとおりです。代わりとなるシステムがどんなものになりそうかわかれば話は別ですが。現在のシステムは、ある意味、（資本主義と社会主義を）合わせたシステムです。現段階では市場が最重視されていますが、それだけではありません。多くの国には集権型健康保険制度がありますね。イギリスの制度が最も有名ですが、他のいくつかの国でも政府が健康保険制度を直接提供しています。

Q：日本の健康保険制度のように。

A：ええ。そしてそれらの制度は機能しています。実際、私たちが知る限り、そういった制度は市場主導型よりも集権型でのほうが機能しますから。資本主義は健康保険制度の面では機能しません。そういった福祉の領域がどんどん広がる経済を想像してみてください。協同組合、非営利団体のようなものも限られた分野では機能するかもしれませんが、大部分はうまくいかないでしょう。システム全体を資本主義から何かほかのものに変えることは、私にとっては想像しがたいですね。

The Role of Economics

◀ 11

Q: The last question is: What is the role of economics? Not ❶**prediction**.

A: No. Someone has to do predictions.

Q: Are you very good at prediction?

A: No. Once in a while, I see something that is really, seems very clear and I can make a prediction. ❷**The housing bubble** was obvious. Sometimes I let myself, my emotions, carry me away, so I made a bad prediction on election night here. But most of the time, most of the time, the best prediction is that tomorrow will be a lot like today. Or that the next five years will be a lot like the last five years. And in that case, the people who are out there in the markets are often better at predicting then... It's only when things are extreme that economics is useful there.

But it's very, economics is about... not predicting the future, but predicting the ❸**consequences** of actions, predicting the consequences of policy. And it can be very good at that. We're certainly a whole lot better than not. I mean, so if we want to ask, "What will a tax cut do? What will an expansion of health benefits do?" that's where economists become really useful.

Economic theory, I sometimes say there's two ❹**principles**. One of them is that money doesn't lie in the street for very long. People will pick it up. So if there are obvious opportunities, people will ❺**take advantage of** them. The other is that every sale is also a purchase—so, basically things ❻ **add up**, but you have to think about the ❼**interactions**. And ❽**applying** those principles, combined with the lessons of history, combined with data about where we are now can give you a lot.

💬 **Vocabulary**

❶ prediction：予測
❷ the housing bubble：住宅バブル
❸ consequences：（通常複数形で）結果、影響

❹ principle：原則
❺ take advantage of ~：~をうまく利用する、~を生かす

経済学の役割

Q：最後の質問になりますが、経済学が果たすべき役割とは何でしょうか。経済予測ではなくて。

A：いえ、誰かが経済予測をしないといけません。

Q：あなたは予測が得意ですか。

A：いいえ。たまに物事が非常に明確に見えて予測できることもありますが。住宅バブル（崩壊）の時は、明らかに予測できました。時に私は感情に流されることもあるので、（トランプ大統領が当選した）大統領選の夜には予測が外れました。しかしほとんどの場合、最良の予測とは、明日は今日とほぼ同じような日であり、今後5年間はこれまでの5年間とほぼ同じようなものである、というものです。予測と言えば、市場で働いている人たちのほうが予測が得意なことのほうが多いですね。経済学が役立つのは、経済が非常事態になった時です。

　経済学とは未来を予測するものではありません。経済学とは人々の行動の影響、政策の影響を予測するものです。経済学はそういうことに適しています。予測をしないよりもしたほうがずっといいのです。例えば「減税の影響はどうなるだろう。健康保険の適応拡大の影響はどうなるだろう」といったことを知りたい場合、経済学者はとても役立つのです。

　経済理論には、私は時に、2つの原則があると言います。1つは、道端にお金が落ちていたら、すぐに拾われてしまうだろうということ。つまり絶好の機会があったら、人々はそれを利用するだろうということです。もう1つは、ものを売ることはものを買うことでもあるということ。つまり基本的に計算は合うようにできていますが、相互作用も考えないといけないということです。そしてそれら2つの原則を、歴史の教訓や現時点のデータと合わせて適用することで、多くのことがわかるのです。

❻**add up**：計算が合う
❼**interaction**：相互作用
❽**apply**：〜を適用する

　クルーグマン氏に初めてインタビューしたのは、彼が2008年にノーベル経済学賞を受賞し、授賞式から米国のマンハッタンにある彼のアパートに戻った直後のことだ。そのアパートは彼のpied-a-terre（頻繁に行く出張先の町に確保したアパート）だった。ノーベル賞の賞金を手にした彼は、そのアパートを売却し、co-op（共同住宅。すでにいる住民が新しい入居希望者を選択できる）を購入した。私はそのco-opでも何回もインタビューをしているが、そこを訪れたジャーナリストは私だけだと彼は言っていた。また彼は賞金でマサチューセッツ州の別荘も購入している。私と彼はとても親しくしており、私たちが友人の間柄だということに彼も同意することだろう。

　クルーグマン氏はAIについてはかなり楽観的だ。一般的にはAIによって職が奪われ、失業者が増えると言われているが、氏はその段階には至っていないと言う。私自身は、これまでの歴史を見ると、テクノロジーの発達で消滅する職もあれば、新しく出てくる職もあることがわかるので、先見の明があれば焦ることはないと思っている。常に自分の能力を客観的に見つめ直し、どういう新しい技術を身に付けるべきかを考えていることが大切だろう。

　格差是正は政治の問題であると言うクルーグマン氏の考えには、私は半分同意する。トマ・ピケティ氏の言うグローバル富裕税も同時に施行しないと、超裕福な人が自国から海外にお金を持ち出してしまうからだ。例えば個人資産の上限を100億円にするような、ある程度強制的な方法をとらない限り、抜け道はいくらでもあるだろう。

　クルーグマン氏の英語は少し早口だが、アメリカ英語なので聞き取りやすい。氏は適語を探しながら話すことが多々あるので、ポーズや言いよどみを含む自然な英語を聞くことができるだろう。

重要単語&フレーズ

☐ **unemployment rate**
失業率

☐ **assess**
〜を評価する

☐ **deflation**
デフレ

☐ **policy**
政策

☐ **productivity**
生産性

☐ **demography**
人口動態

☐ **fertility**
出生率

☐ **immigration**
移民

☐ **workforce**
労働力

☐ **extensive**
大規模な

☐ **substantial**
相当な

☐ **tolerant**
寛容な

☐ **fiscal**
財政の

☐ **factor**
要因

☐ **buzzword**
流行語、話題の言葉

☐ **eliminate**
〜を排除する、なくす

☐ **problematic**
問題のある

☐ **impose**
（税など）を課す

☐ **incentive**
動機

☐ **disparity**
格差

☐ **wage**
賃金

☐ **bargaining**
交渉

☐ **dominance**
支配

☐ **spontaneously**
自然発生的に

☐ **obsolete**
時代遅れの

☐ **welfare**
福祉

☐ **devise**
〜を考案する

☐ **regulation**
規制

☐ **prediction**
予測

☐ **consequences**
（通常複数形で）結果、影響

Chapter 2

Thomas Friedman

Profile

トーマス・フリードマン　ジャーナリスト、コラムニスト
1983年、1988年、2002年とピュリツァー賞を3回受賞。
1953年に米国ミネソタ州で生まれる。オックスフォード大学にて中東研究で修士号を取得後、1971年からレバノンのベイルートに、1984年からはエルサレムに駐在。1992年に『ニューヨーク・タイムズ』紙のホワイトハウス担当主席記者となり、1995年からは同紙の人気コラムニストとして外交政策、国際貿易、グローバリゼーションなどの分野について執筆を続けている。
おもな著作は『レクサスとオリーブの木――グローバリゼーションの正体（上・下）』（草思社）、『フラット化する世界（上・下）』、『遅刻してくれて、ありがとう　常識が通じない時代の生き方（上・下）』（以上、日本経済新聞出版社）など。

"Because of the accelerations in technology, globalization and climate, average is now officially over."

技術革新、グローバリゼーション、気候変動の加速化によって、
平均的な時代は今や確実に終わりました。

Interview Point

　「世界はフラットからファーストになり、さらにスマートになりつつある」
と言うフリードマン氏。最初にそれがどういう世界かを詳しく説明し、そうい
った世界への対応に遅れている日本に対する提言を行った。日本が抱えている
問題の根源は、どうやら根深い文化の閉鎖性にあるようだ。

　さらに氏は、労働者、企業、国が平均的でいられる時代はもう終わったと述
べる。そしてテクノロジーが急速に発展する世界では平均以上を目指さねばな
らず、そのためには新たなスキルを身に付けていくための生涯学習が必要不可
欠になると説く。

　最後に、話題は著作『レクサスとオリーブの木』へと移る。自らこの本を冷
戦後のシステムを展望する4つの重要な本の中の1冊であると述べるフリード
マン氏は、本で伝えようとした「古きもの」と「新しいグローバリゼーショ
ン」の相互作用について語ってくれた。

The World Is Flat

What is "Flat"?

🔊 12

Q: Kazumoto Ohno **A:** Thomas Friedman

Q: You came up with the word "flat" that stood for the **❶globalization** that was sweeping all over the world around 2005 when you published **❷*The World is Flat*.** How about now? What word or phrase would stand for the change that we see taking place **❸radically** as well as globally now?

A: I think the world is **❹basically**... You know, technology, Kaz, moves up in steps like that, OK? Moves up in steps. And each step tends to be **❺biased** toward a certain set of **❻capabilities**. So, I think around 2000, we took a step up that was biased toward **❼connectivity**, and that was because of the **❽collapse** in the price of **❾fiber-optic cable** because of **❿the dot-com boom**, bubble and **⓫bust**. So, the price of fiber-optic cable collapsed and we **⓬accidentally** **⓭wired** the whole world. OK.

And suddenly we woke up, and we discovered that we could touch people we could never touch before and we could be touched by people who could never touch us before. My 80-year-old mother was playing **⓮bridge** on the internet with someone in Siberia. OK? And I came along and I gave that moment a name. I said it feels like the world is flat, that more people now can **⓯compete** equally—compete, connect and **⓰collaborate with** more other people in more ways, on more days, from more places than ever before. And that's what I meant by "flat."

💬 **Vocabulary**

❶globalization：グローバリゼーション、グローバル化
❷*The World is Flat*：『フラット化する世界（上・下）』（トーマス・フリードマン著、日本経済新聞出版社刊）

❸radically：抜本的に
❹basically：おおむね、基本的に
❺biased：偏った
❻capability：可能性
❼connectivity：つながること

40

フラット化する世界

「フラット」とは何か

Q：大野和基　　**A**：トーマス・フリードマン

Q：あなたが2005年に『フラット化する世界』を出版された時、当時世界中を席巻していたグローバリゼーションを表すために「フラット」という言葉を提案されましたね。現在はどうでしょうか。現在起きている世界的かつ抜本的な変化を単語や表現で表すとしたらどうなるでしょう。

A：いいですか、カズ。世界では、おおむね、テクノロジーが段階的に向上します。段階的に向上し、各段階は一定の可能性の方向に偏在する傾向があるのです。2000年頃には「つながること」に偏った向上があったと思います。なぜならドットコム・ブームとそのバブル、そしてバブル崩壊があり、光ファイバーケーブルの価格が急落したからです。つまり光ファイバーケーブルの価格が急落したので、期せずして全世界をつなげてしまったわけです。

　そして突然、ある日目が覚めてみると、それまでは接触できなかった人たちと接触でき、またそうした人たちから接触を受けられることになっていたのです。私の80歳の母親はシベリアにいる誰かとインターネットでトランプのブリッジをしていました。私はその場にいて、その瞬間にそのことをこう呼びました。「世界はフラットになったようだ」と。今ではより多くの人が公平に競争できます——これまで以上に多くの方法で、より長期間、より多くの場所から、より多くの人たちと競争し、つながり、協業することができるようになったのです。私の言う「フラット」とはそうした意味です。

---

❽ **collapse**：〈名〉（価格などの）急落、〈動〉急落する

❾ **fiber-optic cable**：光ファイバーケーブル

❿ **the dot-com boom**：ドットコム・ブーム、ITブーム

⓫ **bust**：失敗、破綻

⓬ **accidentally**：期せずして、偶然に

⓭ **wire**：～を（通信機器で）つなぐ

⓮ **bridge**：（トランプの）ブリッジ

⓯ **compete**：競う、競争する

⓰ **collaborate with ～**：～と協業する、協力する

The World Is Getting Smart

◀ 13

A: And when people ask me today, "Is the world still flat?" I say, "Are you crazy? It's flatter than ever." I'm sitting in my office in Washington, D.C., talking to a Japanese ❶**correspondent** for his newspaper with a tiny camera here that's gonna share this with people all over Asia. That little ❷**device** that's smaller, half the size of the ❸**palm** of my hand. If you don't think the world is still flat, you're not paying attention.

But then around 2007—that's what I explained in my book ❹*Thank You for Being Late*—we took another step up. And that step was bias toward ❺**complexity**. OK? What I mean by that is suddenly, with one touch, I could ❻**page** a taxi, direct a taxi, ❼**rate** a taxi, be rated by a taxi and pay a taxi, all with one little touch.

We ❽**abstracted** away massive amounts of complexity everywhere. OK? We took sand out of the gears and we put grease into everything, OK, because we made complexity fast, free, easy for you and ❾**invisible**. And that was because of another price collapse in the price of ❿**storage** and ⓫ **compute**. And the price of storage and compute gave us big data, and the beginnings of AI. That was the next step. So, the world went from flat to fast. Now, with one touch, I can do all of these things.

I think what's going on now, the stage we're in now, is the world's getting smart. We're putting intelligence into everything now through ⓬ **5G**, through the Internet of Things. We're putting intelligence into everything. So, when people say, "Friedman, is the world still flat?" I say, "No, it's not just flat now. It's gotten fast and it's getting smart." The world's gone from flat to fast to smart. And that's what's really changing everything.

🔊 Vocabulary

❶ correspondent：特派員、記者
❷ device：装置
❸ palm：手のひら

❹ *Thank You for Being Late*：『遅刻してくれて、ありがとう　常識が通じない時代の生き方（上・下）』（トーマス・フリードマン著、日本経済新聞出版社刊）

スマート化する世界

A：そして今日、誰かが私に「世界はまだフラットですか」と尋ねたら、私は
こう答えるでしょう。「それは愚問ですね。世界はこれまで以上にフラットで
すよ」と。私はワシントンDCのオフィスに座って、日本の新聞社の特派員に
話しています。彼はとても小さなカメラを持っていて、それで取材内容をアジ
ア中の人にシェアします。その小さなカメラは私の手のひらの半分ほどの大き
さしかありません。世界がまだフラットだと思わない人は注意不足です。

　しかし2007年頃には、私の著作『遅刻してくれて、ありがとう』で説明し
たように、テクノロジーは次の段階に向上しました。そしてそれは「複雑さ」
の方向に偏った向上でした。どういうことかと言うと、突然、ワンタッチでタ
クシーを呼んだり、行き先を指示したり、タクシーのランキングを付けたり、
タクシーによって自分がランキングを付けられたり、乗車賃を支払ったりでき
るようになったのです。すべてがワンタッチでできるようになりました。

　私たちはあらゆる面で膨大な量の複雑さを取り除きました。ギアから砂を取
り除き、あらゆるギアに潤滑油を入れたのです。複雑さを、速く、動きが妨げ
られない、簡単なものにし、そして不可視化したのです。そうなったのは、今
回はストレージと機械計算の価格が急落したからです。そしてストレージと機
械計算の価格急落がビッグデータとAIの始まりをもたらしました。それが次
の段階となりました。ですから、世界はフラットからファーストに移行し、今
やワンタッチですべて行えるようになったのです。

　今起こっていることは、私たちが現在いるステージは、スマートになってい
る世界です。今や5G（第5世代移動通信システム）やIOT（モノのインター
ネット）を通して、すべてのものに知性を宿らせています。あらゆるものに知
性を宿らせているのですよ。ですから誰かが私に「フリードマンさん、世界は
まだフラットですか」と尋ねたら、私は「いいえ、今はフラットなだけではあ
りません。世界はファーストになり、さらにスマートになりつつあります」と
答えます。世界はフラットからファーストになり、スマートになったのです。
そのためすべてのものが変わりつつあるのです。

---

❺ complexity：複雑さ
❻ page：〜を呼び出す
❼ rate：〜を評価する、格付けする
❽ abstract：〜を取り除く

❾ invisible：目に見えない
❿ storage：ストレージ、記憶装置
⓫ compute：（機械）計算
⓬ 5G (5th Generation)：第5世代移動通信システム

What Should Japan Do?

Open Systems Thrive

🔊 14

Q: It's been almost 15 years since you published *The World is Flat*. And during those years I would say that if you name a country that saw the deepest of ❶**decline**, it would be Japan. Japan used to be a manufacturing ❷**intensive** country. But, unfortunately, Japan had a ❸**misguided** ❹**assumption** that we could ❺**conquer** the world with our technology and with the ability to manufacture things we thought was ❻**second to none**. Japan is a country, as you know, which produces ❼**Lexus**. But now, here we are, Japan has even fallen behind China in manufacturing. What would have caused the decline of Japan ❽**vis-à-vis** the rise of China?

A: One of the things that happens when the world is fast is that the most open system tends to ❾**thrive**, you know. And I think the fact that Japan is not a country known for immigration. Look at the biggest companies in America today. One's called Microsoft. It's run by a guy named Satya Nadella. One's called Adobe. It's run by a guy named Shantanu Narayen. One is called Google. It was founded by a guy named Sergy Brin, ❿**co-founded**, and run today by a guy named Sundar Pichai. You go through all our big ⓫**startups** today, most successful ones...

Our policy of immigration, our ability to attract both lower-skilled but high-energy people, and high IQ risk-takers, is an enormous advantage for us. And in a fast-changing world, we're always able to... I'm worried that under Trump we'll lose that, but we've been able to really constantly renew and ⓬**energize** ourselves.

💬 **Vocabulary**

❶ decline：衰退、凋落
❷ intensive：集中的な
❸ misguided：誤った
❹ assumption：想定

❺ conquer：～を征服する
❻ second to none：誰［何］にも負けない
❼ Lexus：レクサス　☆トヨタ自動車が世界的に展開する高級車ブランド。

日本は何をすべきか

開放的なシステムが成功する

Q：あなたが『フラット化する世界』を出版されてから、ほぼ15年が経ちました。その期間に最も凋落した国を挙げるとすると、それは日本だろうと思います。日本はかつて製造立国でした。しかし残念ながら日本は、自分たちのテクノロジーとどこにも負けない製造能力をもってすれば世界を制覇できるだろうという、誤った想定をしました。ご存じのように、日本はレクサスを作っている国です。しかし今の現状では、日本は製造において中国に劣後しています。中国の台頭と比較して、日本の凋落の原因は何だったのでしょうか。

A：ファースト化した世界で起こることの1つとして、最も開放的なシステムが成功する傾向を挙げることができます。日本は移民に寛容な国として知られていませんよね。今日のアメリカ最大の企業を見てください。1つはマイクロソフト。（インド出身の）サティア・ナデラによって経営されています。1つはアドビ。（インド出身の）シャンタヌ・ナラヤンによって経営されています。1つはグーグル。（ロシア出身の）セルゲイ・ブリンによって創業されました。これは共同創業ですね。同社は現在、（インド出身の）サンダー・ピチャイによって経営されています。今日の大きな、最も成功しているスタートアップ企業を調べてみると、このようなことがわかります。

　米国の移民政策ですが、私たちの国は、スキルは低いがエネルギーに満ちあふれている人々と、IQが高くてリスクを恐れない人々の両方を招き入れることができ、それが計り知れないアドバンテージになっています。ですから急速に変化している世界で、米国は常に自分たちの国を刷新し活性化できてきたのです。トランプ政権のもとでは、そのようなアドバンテージを失うのではないかと私は心配してはいますが。

❽vis-à-vis：〜と比較して
❾thrive：繁栄する、成功する
❿co-found：〜を共同創業する

⓫startup：スタートアップ企業　☆新しいビジネスを展開する新興企業を指す。
⓬energize：〜に活力を与える

And I think Japan **⓲leaped ahead** in the '70s based on quality manufacturing, best practices around the world, but I think it couldn't **⓮sustain** that lead because of certain **⓯macroeconomic** policies—which I'm not an expert in, my colleague Paul Krugman is—but also because I think it couldn't quite renew itself, and renew itself with the kind of ideas that **⓰spawn** new industries and could take the Toyotas, the Lexuses, the Sonys, the Panasonics, the Toshibas to the next level, you know. And so that's one **⓱observation**. But I'm not an expert. That's one of the things that **⓲occurs to** me, though.

💬 **Vocabulary**

⓲ leap ahead：躍進する
⓮ sustain：〜を持続させる
⓯ macroeconomic：マクロ経済の　☆マクロ経済は一国全体の経済を対象とする。

⓰ spawn：〜を生じさせる
⓱ observation：（観察による）意見、見解
⓲ occur to 〜：（考えなどが）〜に浮かぶ

日本は1970年代に高品質のものづくりで躍進したと思います。それは世界一の品質でした。しかしある種のマクロ経済上の政策のため、そのリードを持続させることができなかったのでしょう。私はマクロ経済の専門家ではありませんが、私の友人のポール・クルーグマン（Chapter 1参照）が専門としています。また日本は新しい産業を生み出すアイデアをもって、トヨタ、レクサス、ソニー、パナソニック、東芝のような企業を次のレベルに引き上げることができるアイデアをもって、自らを刷新することができなかったのだと思います。これは1つの見解ですが。私は専門家ではありませんが、そういったことが頭に浮かびました。

Japan's Closed Culture

◀ 15

Q: In your book *Thank You for Being Late*, you have suggested that if we slow down, if we get to be late and use the time to **❶rethink** about everything ourselves for leadership, **❷for the sake of** Japanese readers, many of whom seem to have lost their future vision in one way or another, I would like to invite your suggestion for them.

A: Japan is a country, it seems to me, with **❸enormous** human talent, great **❹infrastructure**, great education, a democratic system, strong **❺family values**. It has all the **❻ingredients**. But somehow, it's less than **❼the sum** of its parts. It's, whatever... I don't know enough about Japan, but it doesn't seem to me to be, you know, fighting at its actual weight, you know, that when I look at the education system, the infrastructure, the human talent, the strong value system, something's missing. It seems to me that Japan should be just thriving today.

Q: We don't have a vision, you know.

A: Yeah, and I think that's part of it. And I think, I think Japan's cultural history of **❽insularity**, being a very closed culture, a very powerful culture, but more closed—

Q: Deeply **❾ingrained**.

A: Deeply ingrained is slowing it down. That's why I say "open system." When the world is fast, small errors in navigation have huge **❿ consequences**. So, when Japan just needed to go 5,000 miles at 500 miles an hour, if Japan had a bad leader, you got off-track, you got back on track with little pain. But when the world's moving at 50,000 miles an hour, you know, and you need to go 5,000 miles an hour, and you have a bad leader and you get-off track now, you can be so far off-track that the pain of getting back on track can now be enormous. So, that's where I think leadership really matters. And I think Japan is not **⓫getting the most**

📖 Vocabulary

❶ rethink：再考する
❷ for the sake of ~：~のために
❸ enormous：膨大な、莫大な

❹ infrastructure：インフラ（ストラクチャー）、社会基盤施設
❺ family values：家族の価値観

日本の閉鎖的な文化

Q：ご著作『遅刻してくれて、ありがとう』の中で、あなたはスローダウンし、遅刻して、その時間を自分自身やリーダーシップといったいろいろなことを再考するために使うことを提唱されていますね。日本の読者の多くはいろいろな点で将来のビジョンを見失っているようですが、そういった人に向けて提言をしていただけますか。

A：私が思うに、日本は人々の才能があふれ、インフラが立派で、教育も素晴らしく、民主的なシステムがあり、家族の価値観が強い国です。すべての要素は揃っています。しかしどういうわけか、全体を見ると個々の要素をすべて足したようにはなっていません。私は日本について十分な知識があるわけではありませんが、日本は自分の体重に合致しない階級で戦っているボクサーのように見えます。教育システム、インフラ、人々の才能、強い価値観があっても、何かが欠けているのです。そうでなければ、今日の日本は文句なしに繁栄しているはずだと思います。

Q：将来のビジョンがないのです。

A：ええ、それも理由の1つでしょう。そして閉鎖性という日本が持ち続けてきた文化も理由でしょう。とても閉じられた文化です。とても力強いが、閉鎖されています。

Q：（閉鎖性は）根深いです。

A：その根深さが日本をスローダウンさせています。だから私は「システムを開放せよ」と言っているのです。世界がファースト化したら、ナビゲーションにおける小さな誤りは重大な結果をもたらします。日本が5,000マイルの道のりを時速500マイルで進むだけでよければ、無能なリーダーのせいで進路から外れても、ほとんど苦労せずに元の道に戻ることができるでしょう。しかし世界が時速50,000マイルで進んでいる中、日本が時速5,000マイルで進まなければならないというときに、無能なリーダーのせいで進路から外れてしまったら、進路から非常に大きく外れてしまい、元の道に戻る苦労は今度は甚大なものになり得ます。ですからリーダーシップは本当に重要だと私は考えるので

❻ **ingredient**：要素、要因
❼ **the sum**：合計
❽ **insularity**：島国に住んでいること、閉鎖性
❾ **ingrained**：深くしみ込んだ
❿ **consequences**：（通常複数形で）結果
⓫ **get the most out of~**：～を最大限に活用する

out of its ⑫**innate** and natural ⑬**resources**, human resources.

Q: We have it but we cannot really know how to—

A: They're all there, but you don't seem to be ⑭**assembling**, ⑮**make the most of** it, yeah. And I think it has to do with the cultural insularity, it ⑯**strikes** me, yeah.

🗨 **Vocabulary**

⑫ innate：固有の
⑬ resources：(通常複数形で) 資源
⑭ assemble：〜を集める

⑮ make the most of 〜：〜を最大限に活用する
⑯ strike：〜の心に浮かぶ

す。そして日本は固有の資源、自然資源、人的資源を最大限には活用していな
いと思います。

Q：資源はあっても、活用の仕方がわからないのです。

A：資源は揃っているが、それらをまとめて、最大限に活用していないよう
だ、ということですね。私は、そのことは文化の閉鎖性と関係があると思いま
す。私はそのように感じます。

Average Is Over

Need to be Above Average

🔊 16

Q: Let's talk about your book *Thank You for Being Late*. You say just as we seem to be leaving **❶the Holocene** climate **epoch**, you know, we are also leaving the Holocene epoch for work and we are entering **❷the Anthropocene** work **epoch**. Could you **❸elaborate on** this for the Japanese readers?

A: Well, what I meant was that during the period between World War II and, I would say, the early 2000s, that 50-year epoch, was a great time to have an average climate. The climate was very average, four very stable seasons. It was a great time to be an average company. It was a great time to be an average country, and it was a great time to be an average worker. You could be average in all those things, and actually have a good middle-, decent middle-class lifestyle.

My uncle in Minnesota was the loan officer at the Farmers and Mechanics Bank in Minneapolis, and he only had a high school degree. Is there a loan officer anywhere in Japan who only has a high school degree today? So, my uncle was very average, I mean in terms of his education, yet he had a very middle-class job. So that's 50 years after World War II, a great time to be an average country, company and worker.

And what I would argue, because of the **❹accelerations** I wrote about in technology, globalization and climate, average is now officially over. OK. And average now will not return you an average lifestyle as a worker, as a company, or as a country. That's why some countries are now **❺falling apart**. And so that was basically the argument I was making. And that's why you have got to be now always **❻aspiring** to be above average in whatever you do.

💬 Vocabulary

❶**the Holocene epoch**、❷**the Anthropocene epoch**：In Detailを参照。
❸**elaborate on ~**：~を詳しく述べる
❹**acceleration**：加速
❺**fall apart**：崩壊する
❻**aspire**：~を熱望する、目指す

平均的な時代は終わった

平均以上にならないといけない

Q： ご著作『遅刻してくれて、ありがとう』について話しましょう。あなたは、完新世気候は終わりつつあるようだが、同じように雇用の完新世も終わりつつあり、私たちは雇用の人新世に入りつつあると書かれています。このことを日本の読者のために詳しく説明していただけますか。

A： 私の言いたかったことは、第二次世界大戦からおそらく2000年代初めまでの期間は、その50年間は、平均的な気候の素晴らしい期間だったということです。気候はとても平均的で、四季も非常に安定していました。平均的な企業、平均的な国、平均的な労働者であるのに申し分のない時代でした。そういった面で平均的でいることができて、実際、まずまずの中流階級のライフスタイルを送ることができたのです。

　私のおじはミネソタ州に住んでいて、ミネアポリスにあるファーマーズ・アンド・メカニクス・バンクの融資担当をしていましたが、彼は高校しか卒業していませんでした。日本には今日、高校卒業の資格しかないのに融資担当をしている人はいますか。私のおじは学歴の点からはごく平均的でしたが、それでもまさに中間層の仕事に就いていました。ですから第二次世界大戦後の50年間は、平均的な国、平均的な企業、平均的な労働者であるのに申し分のない時代だったのです。

　私が主張したいことは、私が著書で述べた技術革新、グローバリゼーション、気候変動の加速化によって、平均的な時代は今や確実に終わったということです。今の時代で平均であっても、かつての平均的な労働者のライフスタイル、平均的な企業、平均的な国には戻れません。だから、いくつかの国は崩壊しつつあるのです。これが基本的には私の主張です。そのため現在では何をするにしても、平均以上になることを常に目指していないといけないのです。

In Detail

the Holocene epoch：完新世
the Anthropocene epoch：人新世
　どちらも地質時代区分を表す。「完新世」は約1万年前から現代までを含む時代を指し、地球の最終氷期の終わりをその時代の始まりとする。「人新世」は人類が地質や生態系に大きな影響を与え始めてからの時代を指し、その始まりは人類が初めて核実験を行った1945年とするものや、1960年代とするものなど、複数の意見がある。

Be a Lifelong Learner

◀ 17

Q: So, in the Anthropocene epoch, you were saying that we would need four Cs: creativity, collaboration, community and ❶**coding**. But are you saying that all of us would need those four skills?

A: No. What I'm really saying is in this era... Well, think about, you know, when the steam engine was ❷**deployed**, basically in the late 18th century, 1700s. It was the ❸**dominant** technology for about a century. So actually, three generations, Kaz, of your ❹**forefathers** worked with steam. OK? Then we had ❺**electrification** and the ❻**combustion** engine, the industrial revolution, dominant for about 100 years. And three more [generations] of your relatives experienced the same, basically ❼**lived off** the same technology.

Now the world has ❽**flipped**. Now you have three generations of technology in the same generation. OK? If we were here 10 years ago this would be like this, and if we were here 20 years ago, it would be like that, OK? So, you in your own career and me in mine—I started on a typewriter, so I've experienced probably 10 different new technologies in my own lifestyle[lifetime].

And this is going to accelerate. So, when that happens, the single most important ❾**competitive** skill is your ability to be a ❿**lifelong learner**, and to be constantly learning and have the tools for that, you know. And that's what I was saying in the book. And so to be a lifelong learner, to have a government that enables lifelong learning becomes the most important thing.

🔊 **Vocabulary**

❶ coding：プログラミング、コーディング
❷ deploy：～を作動する状態にする
❸ dominant：主要な

❹ forefathers：(通常複数形で) 先祖、先人
❺ electrification：電力化
❻ combustion：燃焼

生涯学習者であれ

Q： 人新世では4つのC、つまりcreativity（創造性）、collaboration（共同作業）、community（共同体）、coding（プログラミング）が必要になるだろうと書かれていますね。すべての人にこれら4つのスキルが必要になるだろうということですか。

A： いいえ。私が言いたいのは次のことです。考えてみてください。蒸気機関は基本的には18世紀後半、1700年代に使われるようになり、約100年間、主要なテクノロジーであり続けました。ですから、実に三世代の先人たちが蒸気機関を使って働いていたわけですよ、カズ。その後、電力化、燃焼機関、産業革命が約100年間、主要なテクノロジーの座に就いていました。その間、続く三世代の人たちがそれらと同じテクノロジーに頼って生きていたわけです。

　今や世界はひっくり返りました。今や三世代分のテクノロジーを一世代で経験するのです。10年前のテクノロジーと、20年前のテクノロジーは異なるのです。あなたの仕事や私の仕事で考えてみると——私はタイプライターで自分の仕事を始めました。ですから私は生活様式で（「人生で」の言い間違い）、おそらく10種類くらいの新しいテクノロジーを経験していることになります。

　そしてこの動きは今後加速しそうです。そうすると、競争に勝ち残るための最重要のスキルは、生涯学習者になって、常に学び続けて、学習ツールを得る能力となります。そのことこそ私が著書で述べたかったことです。そして生涯学習者になるためには、生涯学習を可能とする政府を持つことが最も重要な前提となるでしょう。

❼ **live off ～**：～に頼って生きる、～で生計を立てる　　❿ **lifelong learner**：生涯学習者
❽ **flip**：ひっくり返る
❾ **competitive**：競争力のある

Technology and New Jobs

🔊 18

Q: **❶Erik Brynjolfsson** **❷sounded the alarm** in his book **❸*Race Against the Machine*** about getting **❹deprived of** jobs by technology. Some experts **❺take issue with** his argument, saying that technological advancement will not necessarily lead to unemployment. It will rather increase demand. And when the economic **❻metabolism** gets **❼enhanced** by increasing demand, it will create more new type of jobs.

A: I think Erik is right and they're right, which is that I think it, you know, it will **❽devour** more **❾manual** and even white-collar jobs, but it'll also spawn new jobs. But I think that these new jobs, to **❿derive** good income from them, will be jobs where you have to have more education—the new jobs—more head or more heart. All right. But just being average won't do it. OK? So, by more heart, that you can be more creative. Maybe, Kaz, you'll retire and you'll teach sushi cooking. I'm **⓫making this up**. That, this journalism thing won't work anymore, but you'll go on **⓬Airbnb** experiences and you'll offer three-hour classes in sushi cooking. I'm just making this up. Or in origami or whatever. Those are jobs of the heart, of passion.

So, I think what you'll see is people either **⓭monetizing** their passions, or, yes, there'll be other totally new jobs, but those new jobs will probably require more skill. OK. So, it's not just saying, well, they'll—of course, they'll **⓮spin off** new jobs. One of them is **⓯search engine optimizer** or, you know, AI repairman. So, there will be new jobs, but they will require more skill and more constant learning.

💬 Vocabulary

❶ **Erik Brynjolfsson**：エリック・ブリニョルフソン
☆MITスローン経営大学院教授。
❷ **sound the alarm**：警鐘を鳴らす
❸ ***Race Against the Machine***：『機械との競争』
（エリック・ブリニョルフソン、アンドリュー・マカフィー著、日経BP刊）
❹ **deprive A of B**：AからBを奪う
❺ **take issue with ~**：~に反論する
❻ **metabolism**：新陳代謝
❼ **enhance**：~を高める
❽ **devour**：~を壊滅させる
❾ **manual**：肉体の

テクノロジーと新しい仕事

Q：エリック・ブリニョルフソン教授は彼の著作『機械との競争』の中で、テクノロジーによって仕事を奪われることについて警鐘を鳴らしています。彼の主張に対して、次のように言って反論する専門家たちもいます。「テクノロジーの進展は必ずしも失業につながるわけではなく、むしろ需要を増大させるだろう。そしてこの需要の増大によって経済の新陳代謝が高められ、新しい種類の仕事がもっと生まれるだろう」。

A：エリックも正しいし、彼に反論する専門家たちも正しいと思います。なぜなら私は、テクノロジーの進展はより多くの肉体労働を滅ぼし、ホワイトカラー職でさえ滅ぼす一方、新しい仕事も生み出すだろうと考えるからです。こういった新しい仕事の中でよい収入を得ることができるのは、より高度な教育を必要とし、より頭脳を使い、より心を込める仕事となるでしょう。単に平均的でいたらだめなのです。心を込めることで、よりクリエイティブになれます。カズ、あなたが引退したら、寿司の握り方を教えるかもしれませんね。これは単に説明のための作り話ですよ。もしジャーナリズムという職業が成立しなくなったら、民泊サービスのエアビーアンドビー体験で3時間の寿司教室を提供できます。これは作り話ですからね。もしくは折り紙でも何でもいいです。そのような仕事が、心と情熱を込める仕事です。

　ですから、人々は自らの情熱を収益化するか、もしくはまったく新しい仕事に就くことになるのではないかと思います。しかし、こういった新しい仕事に就くには、おそらくより高度なスキルが必要となるでしょう。もちろん（経済の新陳代謝によって）新しい仕事が副次的に生まれるでしょう。それらにはサーチエンジン・オプティマイザーやAIの修理業が含まれますね。ですから、新しい仕事は生まれるわけです。しかしそういった仕事に就くには、より高度なスキルと学び続けることが必要となるのです。

---

⑩ **derive**：（利益・喜びなど）を得る
⑪ **make ~ up**：(話) をでっち上げる
⑫ **Airbnb**：エアビーアンドビー　☆宿泊施設・民宿の情報サイト。
⑬ **monetize**：〜を収益化する
⑭ **spin off ~**：〜を副次的に生み出す

⑮ **search engine optimizer**：サーチエンジン・オプティマイザー　☆検索エンジンを最適化する職業。

The Lexus and the Olive Tree

◀ 19

Q: How do you see the conflict between Russia and Ukraine? You said famously the—

A: ❶**The McDonald's theory**, yeah. Yeah. So, you know, when I wrote my McDonald's theory back in 1995, I said no two countries that both had McDonald's have fought a war since they each got McDonald's. And since then, there have been a few ❷**exceptions**. America bombed Serbia. Russia ❸**invaded** Ukraine, etc. But you know what, Kaz? So, I'm right ❹**98 percent of the time**. OK? Think about that. Now, for physics, 98 percent is not very good. So, for social science, 98 percent is pretty good. OK?

And you also notice Russia ❺**seized** Crimea, but it didn't seize Kiev. Why not? Because they were afraid of the economic ❻**sanctions** from globalization. OK? They were afraid of the McDonald's theory. OK? So, you know, my, ❼**in retrospect**, at the end of the Cold War, four big books were written at the end of the Cold War about: What will be the system that replaces the Cold War system? That was the question people were asking. One, the most famous one was ❽**Frank Fukuyama**. He said it'll be the end of history, the ❾**triumph** of free markets and free people. The second was ❿**Sam Huntington**. He said that it'll be a clash of civilizations.

Q: Samuel Huntington.

A: Yeah, Samuel Huntington. So, third was ⓫**Robert Kaplan**. He said it'll be the coming ⓬**anarchy**.

🔊 Vocabulary

❶ **the McDonald's theory**：p. 61 の In Detail を参照。

❷ **exception**：例外

❸ **invade**：～を侵略する、～に侵攻する

❹ **~ percent of the time**：～パーセントの確率で

❺ **seize**：～を占拠する

❻ **sanctions**：(通常複数形で) 制裁 (措置)

❼ **in retrospect**：振り返ってみると

❽ **Frank[Francis] Fukuyama**：フランク [フランシス]・フクヤマ ☆米国の政治学者。

58

レクサスとオリーブの木

Q：ロシアとウクライナの紛争についてどうお考えですか。あなたがおっしゃった世に広く知られている……

A：マクドナルド理論ですね。私は1995年にマクドナルド理論について、「双方にマクドナルドがある2国間では、マクドナルドができて以来、戦争が起きていない」と書きました。それ以来、いくつか例外はありましたが。アメリカ（とNATO）がセルビアを空爆したり、ロシアがウクライナに侵攻したりしましたね。でも、いいですか、カズ。私は98パーセントの確率で正しかったのです。考えてみてください。物理学で98パーセントの確率というと、あまりよくはありません。しかし社会科学で98パーセントというのは大したものですよね。

またお気づきのように、ロシアはクリミア半島を占有しましたが、（ウクライナの首都の）キエフは占有しませんでした。どうして占有しなかったのでしょう。なぜなら、ロシアはグローバリゼーションから来る経済制裁を恐れていたからです。マクドナルド理論を恐れていたのですね。振り返ってみると、冷戦時代の終わりに、冷戦システムに取って代わるシステムは何か、というトピックで4冊の重要な本が書かれました。それが当時の人々が知りたいことだったのです。最も有名な1冊がフランク・フクヤマの本（『歴史の終わり』）です。彼は冷戦の終わりは歴史の終わりであり、自由市場と自由人が勝利すると述べました。2冊目はサム・ハンチントンの本（『文明の衝突』）です。彼は文明の衝突が起こると述べました。

Q：サミュエル・ハンチントンのことですね。

A：そうです、サミュエル・ハンチントン。3冊目はロバート・カプランの本（*The Coming Anarchy*）。彼はアナーキーが到来すると述べました。

---

❾**triumph**：勝利

❿**Sam[Samuel] Huntington**：サム［サミュエル］・ハンチントン　☆米国の国際政治学者。

⓫**Robert Kaplan**：ロバート・カプラン　☆米国のジャーナリスト。

⓬**anarchy**：無政府状態、アナーキー

And the fourth was a book I wrote called ⑬ *Lexus and the Olive Tree*. What did I say? I said it'll be an ⑭**interaction** between what is old, our olive tree ⑮**urges**— ⑯**nationalism**, ⑰**sect**, ⑱**faith**, religion; all the things that ⑲**anchor** us in the world and ⑳**sprout** into the world are our olive tree urges—interacting with and ㉑**intersecting** with this new globalization system. Now, sometimes our olive tree urges will burst right through the ㉒ **restraints** of this system. Russia will seize Crimea. But it won't go to Kiev. China will threaten Taiwan, but it won't invade—now maybe, maybe they will one day.

All I'm saying is to me the best way to understand international relations today after the Cold War is actually *The Lexus and the Olive Tree*—the interaction between what is old, our nationalist, you know, ethnic, ㉓**sectarian**, religious, community, tribal ㉔**solidarities** as they ㉕ **emerge into** the world, intersecting with this globalization system. That's how I see it.

💬 **Vocabulary**

⑬ *The Lexus and the Olive Tree*：『レクサスとオリーブの木——グローバリゼーションの正体（上・下）』（トーマス・フリードマン著、草思社刊）
⑭**interaction**：交流、相互作用
⑮**urge**：衝動
⑯**nationalism**：国家主義、ナショナリズム
⑰**sect**：派閥、宗派
⑱**faith**：信仰
⑲**anchor**：～を固定する
⑳**sprout**：（次々と）出現する
㉑**intersect**：交わる
㉒**restraint**：抑制、制限
㉓**sectarian**：派閥的な
㉔**solidarity**：結束、連帯意識
㉕**emerge into** ～：～へと現れる

そして4冊目の本が、私が書いた『レクサスとオリーブの木』です。私は何と書いたでしょう。私は、古きもの、つまりオリーブの木の衝動と、新しいグローバリゼーションのシステムが相互作用し、交差するだろうと論じたのです。オリーブの木の衝動とは、国家主義、派閥、信仰、宗教といった、私たちを世界につなぎとめ、また世界に次々と出現する、あらゆる古きもののことです。時にはこのオリーブの木の衝動がグローバリゼーション・システムの抑制を突き破ることもあるでしょう。「ロシアはクリミア半島を占有するがキエフまでは行かないだろう」、「中国は台湾に圧力をかけるが侵攻まではしないだろう」と思うでしょう。今はそうかもしれませんが、ある日、そういうことが起こるかもしれないのです。

私が言いたいことは、冷戦後の現在における国際関係を理解するための最善の方法は、実は『レクサスとオリーブの木』だということです。古きもの、つまり国家主義や民族、派閥、宗教、コミュニティー、部族をまとめる結束といったものが世界に現れて、グローバリゼーションのシステムと交差するのです。私はそのように考えています。

＼ In Detail ／

the McDonald's theory：マクドナルド理論
　フリードマンが提唱する理論。「ある国の経済がマクドナルドのチェーンを支えられるレベルまで達すると、国民の多数が中流階級に達したことになる。中流階級は戦争するよりもマクドナルドの列に並ぶほうを選ぶので、マクドナルドがある国同士は戦争をしない」というもの。

From the Interviewer

　トーマス・フリードマン氏にインタビューしたのはこれが初めてだ。彼も頻繁に世界中に取材で出かけるのでお互いのスケジュールがなかなか合わず、取材申し込みから1年以上たって、ようやく会うことができた。

　氏は『ニューヨーク・タイムズ』紙の世界的に有名なコラムニストの1人だが、彼の地位を不動にしたのは1999年に上梓した『レクサスとオリーブの木──グローバリゼーションの正体』である。2005年に出版された『フラット化する世界』も世界的ベストセラーになったが、この著作は何回かアップデート版が出ており、このことが世界の変化の激しさを物語っている。

　フリードマン氏は2007年以降を「加速の時代」と呼んでおり、現代の世界を「フラットなだけではなく、ファーストかつスマートになっている」と言う。そして世界中の人がその荒波に打ちのめされて疲れ果てているところに上梓したのが、2016年の『遅刻してくれて、ありがとう　常識が通じない時代の生き方』だ。この本の主旨は「一度立ち止まって、じっくり考えよう」ということである。そして彼が今、最も強調していることは、この世界の変化に遅れないようにするためには「生涯学習者」になる必要があるということだ。

　フリードマン氏の英語は普通の速度で、また英語が母語なので訛りもない。そして、ほぼ完ぺきな書き言葉で話している。英語の場合、自分の言いたいことを文章体の書き言葉で話すことで、その人の知性の高さを表すことができる。私が東京外国語大学の学生の頃、同時通訳の草分け的存在として知られる今は亡き村松増美氏が、「できるだけ書き言葉で話すことを心がけよ」と講演でおっしゃっていた。書き言葉で話すためには、普段から語彙学習をし、自分で話す時に使える「表現語彙」を増やすように努めておくことが大切だ。

重要単語＆フレーズ

- [ ] **radically**
  抜本的に
- [ ] **biased**
  偏った
- [ ] **collapse**
  〈名〉（価格などの）急落、〈動〉急落する
- [ ] **complexity**
  複雑さ
- [ ] **abstract**
  〜を取り除く
- [ ] **invisible**
  目に見えない
- [ ] **intensive**
  集中的な
- [ ] **assumption**
  想定
- [ ] **second to none**
  誰［何］にも負けない
- [ ] **thrive**
  繁栄する、成功する
- [ ] **sustain**
  〜を持続させる
- [ ] **spawn**
  〜を生じさせる
- [ ] **for the sake of 〜**
  〜のために
- [ ] **ingredient**
  要素、要因
- [ ] **innate**
  固有の

- [ ] **resources**
  （通常複数形で）資源
- [ ] **elaborate on 〜**
  〜を詳しく述べる
- [ ] **acceleration**
  加速
- [ ] **aspire**
  〜を熱望する、目指す
- [ ] **metabolism**
  新陳代謝
- [ ] **enhance**
  〜を高める
- [ ] **devour**
  〜を壊滅させる
- [ ] **derive**
  （利益・喜びなど）を得る
- [ ] **spin off 〜**
  〜を副次的に生み出す
- [ ] **exception**
  例外
- [ ] **seize**
  〜を占拠する
- [ ] **sanctions**
  （通常複数形で）制裁（措置）
- [ ] **urge**
  衝動
- [ ] **restraint**
  抑制、制限
- [ ] **solidarity**
  結束、連帯意識

Chapter 3

David Graeber

Profile

デヴィッド・グレーバー　文化人類学者
文化人類学者であるとともに、アナーキストとしても活動。
1961年に米国ニューヨーク州で生まれる。シカゴ大学で修士号、博士号を取得。イェール大学、ゴールドスミス大学、ロンドン大学で教鞭を取り、2013年からロンドン・スクール・オブ・エコノミクスで文化人類学の教授職を務めている。政治活動への参加も活発で、「ウォール街占拠運動」の立ち上げにも大きな役割を果たした。
おもな著作は『アナーキスト人類学のための断章』、『負債論 貨幣と暴力の5000年』、『官僚制のユートピア テクノロジー、構造的愚かさ、リベラリズムの鉄則』（以上、以文社）、*Bullshit Jobs: The Rise of Pointless Work, and What We Can Do About It*（邦訳未刊行）など。

"People who are doing nothing are paid much better than people who are actually doing useful things."

何もしていない人たちのほうが、実際に役に立つ
仕事をしている人たちよりも、はるかに給料が高いのです。

Interview Point

　インタビューはグレーバー氏の著作のタイトルにもなっているBullshit Jobs（以下BS職）を中心に展開する。BS職とは「存在する必要のない、どうでもいい仕事」のことで、5つのカテゴリーに分類できるそうだ。

　グレーバー氏はBS職に就いている労働者は不幸を感じており、しかもBS職のほうが人の役に立つ仕事よりもはるかに給料が高いため、われわれにはBS職をなくす必要があると論じる。そしてそのためには、人の役に立つ仕事の給料を上げることと、ベーシックインカムを導入することの、2つの方法が挙げられるとしている。

　グレーバー氏が首尾一貫して強調しているのは、人の世話をする労働の大切さだ。彼は人の世話をする労働は不当に低く見られており、もっと賃金を上げるべきだとし、いかにテクノロジーが進化してもこのような大切な仕事はなくならないと結論づけている。

Bullshit Jobs Are Pointless

🔊 20

Q: Kazumoto Ohno   **A:** David Graeber

Q: Tell me how you came up with the idea (of ❶**bullshit jobs**).

A: Yeah. I mean, I hadn't done research. It was totally based on my own experience. I just kept running into people at parties. I mean, I should explain that, you know, I'm kind of a stranger to the world of the professional ❷**managerial** classes. I ❸**was brought up** in a working-class family, or working-class ❹**intellectuals**. I was surrounded by books. But I don't really know much about office environments and how they operate. So, I kept meeting people, and I asked them, "Well, what do you do? What is it like?" You know, I'm just trying to... I'm an ❺**anthropologist**, I always try to ❻**figure stuff out**. And very often they would say, "Well, nothing, really. I don't do anything much."

And I thought maybe they were just being ❼**modest** at first. But if you ❽**press** them, they'll often say no, no, they mean it ❾**literally**. They actually do nothing all day. There were people who'd say they work one hour a day, sometimes one hour a week. Otherwise, they're sitting there updating their Facebook profiles, playing computer games, you know, ❿**so forth and so on**. So, I wrote a piece based on that. It was almost... It was a ⓫**provocation**, you know. I said, well, maybe these guys are really common. Maybe most people in offices aren't actually doing anything. That would explain a lot. So, I wrote the piece based on that.

💬 **Vocabulary**

❶ bullshit jobs：(存在する必要のない) どうでもいい仕事

❷ managerial：管理の

❸ be brought up：育つ、成長する

❹ intellectual：知識人

❺ anthropologist：人類学者

無意味なBS職

Q：大野和基　　A：デヴィッド・グレーバー

Q：bullshit jobs（以下BS職）というアイデアはどのようにして考え出された
のか教えてください。

A：はい。BS職についてリサーチはしませんでした。それは完全に私自身の
経験に基づくものでしたね。私はパーティーでいろいろな人と出会う機会が多
かったのです。その前に自分のことを説明すべきですね。私は知的職業の管理
職階級の世界とは無縁です。私は労働者階級の家庭というか、労働者階級の知
識人の家庭で育ちました。本に囲まれて育ったのですが、オフィス環境やオフ
ィスがどのように運営されているかについてはあまり知りません。ですから私
は人々に会っては「お仕事は何ですか。そのお仕事はどんなものですか」と尋
ね続けたのです。私は人類学者なので、いつも知らない物事を理解しようとす
るのです。そして非常に多くの場合、相手は「ええと、仕事は特に何もしてい
ません。大したことはしていません」と答えるのです。

　それで私は最初、彼らは単に謙遜してそう言っているのではないかと思って
いました。しかししつこく聞いてみると、多くの場合、文字どおり大した仕事
はしていないと言うのです。実際、一日中何もしていないのです。1日に1時
間しか働いていないと言う人もいましたし、1週間に1時間しか働いていない
と言う人もいました。それ以外はオフィスに座ってFacebookのプロフィール
を更新したり、コンピューターゲームをしたり、その他もろもろのことをして
いるのです。そこで私はそのことを基に原稿を書きました。ご存じのように、
それは挑発的なものでした。私は、こういった人たちは本当にどこにでもいる
のかもしれない、オフィスにいるほとんどの人が実際は何もしていないのかも
しれない、それでいろいろな物事の説明がつくかもしれないと考え、そのこと
を基に原稿を書いたのです。

❻ figure ~ out：～を理解する　　　　　　**❾ literally**：文字どおり
❼ modest：謙遜した　　　　　　　　　　　**❿ so forth and so on**：その他もろもろ
❽ press：～をしつこく問い詰める　　　　**⓫ provocation**：挑発

Q: But they are being paid very well.

A: Yeah, that's the [12]**irony**. I mean, people who are doing nothing are paid much better than people who are actually doing useful things. In fact, there seems to be an almost [13]**inverse** relationship between how much, how obviously and how directly your work benefits other people and how much you get paid.

💬 Vocabulary

[12] **irony**：皮肉
[13] **inverse**：反対の　☆inverse relationshipで「反比例関係」。

Q：でも、BS職の人たちはとても高い給料をもらっていますよね。

A：ええ、皮肉ですね。何もしていない人たちのほうが、実際に役に立つ仕事をしている人たちよりも、はるかに給料が高いのですから。事実、自分の仕事がどのくらい目に見えて直接他者のために役立っているかと、収入の多さは、反比例の関係にあるようです。

Five Types of BS Jobs

"Flunkies"

🔊 21

Q: If you could categorize the bullshit jobs, how many categories do you have in mind?

A: I came up with five types when I was working. I gathered **❶testimonies** on the internet. I asked people, you know, "Have you ever had a completely **❷pointless** job? Tell me all about it." And I created a Gmail account for them to send me **❸narratives**, and I went back and forth and discussed it with them. It was about 300 accounts I got. So, gradually, we put together a **❹typology**, **❺collectively**. And I described them as **❻flunkies**, **❼goons**, **❽ duct tapers**, **❾box tickers**, and **❿taskmasters**.

So if you want me to **⓫take them in turn**. A flunky is obvious. A flunky is just there to make someone else look or feel important or feel good about themselves. So, lots of people in offices are really just **⓬the equivalent of ⓭feudal ⓮retainers**—you know, the guy who's there to polish the knight's **⓯stirrup** or **⓰tweak** the moustache, or you know... And a lot of them are just like, "I'm the guy who designs the graphics for the corporate reports that this guy, you know, like, shows off and nobody actually looks at." Or people who are really literally doing nothing and sitting on a desk so that this guy can say he has three assistants. OK. So, that's easy.

💬 **Vocabulary**

❶ testimony：証言
❷ pointless：無意味な
❸ narrative：（出来事や経験などに関する）話
❹ typology：類型学
❺ collectively：集合的に、まとめて

❻ flunky：おべっか使い
❼ goon：ならず者、用心棒
❽ duct taper：（直訳で）ダクト補修者　システム用語で、「問題解決し、リリースをなんとしても行う人」を指す。PHP研究所版『未完の資本主義』では、

5種類のBS職

「太鼓持ち」

Q：BS職をカテゴリー分けするとしたら、いくつのカテゴリーをお考えですか。

A：調査しながら5つのタイプを考えました。私はインターネットで証言を集めたのですが、人々に「あなたはまったく無意味な仕事をしたことがありますか。それについて教えてください」と尋ねたのです。彼らが話を送れるようにGmailのアカウントを作り、送ってくれた人たちとやり取りしてBS職について意見を交わしました。300件ほどの報告を受け取りましたね。それで徐々にそれらの報告をまとめて、類型化していったのです。類型は flunkies（太鼓持ち）、goons（用心棒）、duct tapers（つじつま合わせ）、box tickers（社内官僚）、taskmasters（仕事製造人）で表現しました。

　それら5つを順番に説明しましょうか。「太鼓持ち」は言わなくてもわかるでしょう。太鼓持ちは誰かほかの人を偉く見せたり、偉い気分にさせたり、いい気分にさせたりするためだけに存在します。ですからオフィスにいる人の多くは、封建制度の召使いに相当します。騎士のあぶみを磨いたり、騎士の口ひげの手入れをしたりするためにいる人たちですね。太鼓持ちの多くが、「私は上司が見せびらかすための企業報告書の画像のデザインをしているんだ。実際には誰もそんな報告書に目を通しはしないがね」と言うような人たちです。あるいは上司が「私にはアシスタントが3人いる」と言えるように、文字どおり何もせずにデスクに座っているだけの人たちです。ですから、この分類は簡単ですね。

「落穂拾い」と訳されている。
❾ box ticker：官僚主義的な手続きをする人
　☆直訳で「チェック欄にチェックを入れる人」。
❿ taskmaster：仕事の上役
⓫ take ~ in turn：～を順番に取り上げる

⓬ the equivalent of ~：～に相当するもの
⓭ feudal：封建制度の
⓮ retainer：召使い
⓯ stirrup：（乗馬用の）あぶみ
⓰ tweak：～をひねる

"Goons" and "Duct Tapers"

◀ 22

A: Another type is goons. Now, goons are something I didn't really think of myself originally. But so many people who were, say, **❶telemarketers** or corporate lawyers wrote in and said, "My job is bullshit," that I had to think about why they said that. What they basically said is, you know, "This is an **❷aggressive** job that **❸interferes** in people's lives in an **❹unpleasant** way, but it's not... it's only necessary if someone else is doing it." You know, corporate lawyers, you don't need unless your competitor has them. Telemarketers, you don't need unless somebody else is using them.

Three is interesting, the **❺duct taper**. Duct taping is a term that comes from the software industry, and it refers to essentially fixing problems that shouldn't exist in the first place.

And I use that as a **❻metaphor** for a lot of types of jobs which are only there because of some **❼glitch** or **❽oversight** in the way the organization is put together. For example, this is kind of a **❾paradigmatic** case in my mind of a duct taper, when I was at Goldsmiths University, at one point, I needed the carpenter to come and fix something—the shelves that collapsed in my room—and they told me, "Don't touch anything. Wait for the carpenter." But then the carpenter didn't come for two weeks. And I waited and waited, and every day I would call. And I finally realized there's this one guy who's just sitting in an office. His entire job seemed to consist of apologizing for the fact that the carpenter didn't come. You know, he seemed like a nice guy, he was good at his job, but you'd kind of keep wondering, like, why couldn't they just fire that guy and hire a second carpenter? Then they wouldn't need him. All right. So, that's a duct taper. And there are a lot of those.

💬 Vocabulary

❶ telemarketer：電話営業をする人
❷ aggressive：攻撃的な
❸ interfere：干渉する
❹ unpleasant：不愉快な、不快な
❺ duct taper：(直訳で) ダクト補修者
❻ metaphor：たとえ

「用心棒」と「つじつま合わせ」

A：次のタイプは「用心棒」です。用心棒については、当初私は考えていませんでした。しかしあまりにも多くの人が、例えば電話営業をする人や企業弁護士が、「私の仕事はBS職です」と書いてくるので、彼らがそう書いてくる理由を考えなければならなくなったのです。彼らはおおむね、「自分の仕事は攻撃的で、人の生活に不快な方法で干渉するが、その仕事は他の人もやっているから必要なだけだ」と書いてきました。企業弁護士は、競合企業が雇っていない限り必要ありませんよね。電話営業は、他社が使っていない限り必要ありませんよね。

3つ目のタイプは興味深いですよ。「つじつま合わせ」です。つじつま合わせはソフトウエア業界に由来する用語で、基本的には、そもそもあってはいけない問題を解決することを表します。

私はその用語を、ある組織に構成上の問題点や見落としがあるために存在することになった、さまざまな種類の仕事のたとえとして用いています。この例を、私にとってのつじつま合わせの典型的な事例を、お話ししましょう。私がゴールドスミス大学に勤めていた頃のことです。ある時、私の研究室の壊れた棚を、大工さんに修理しに来てもらう必要がありました。業者は私に「棚には触れずに、大工が来るのを待ってください」と言いましたが、大工さんが来たのは2週間もしてからでした。その間待てど暮らせど来ないので、私は毎日電話したものです。そしてついに、オフィスに座っているだけの人が1人いることがわかりました。彼の仕事全体が、大工さんが来ないことを謝ることだけで成り立っているようでした。彼はいい人のようで、謝るのも上手でした。しかし、私はどうしてこの謝罪係を解雇して、もう1人大工さんを雇わないのだろうと思い続けていたものです。そうしたらこの謝罪係は必要なくなりますよね。そういうことです。それがつじつま合わせです。この種の仕事はたくさんあります。

❼**glitch**：問題（点）
❽**oversight**：見落とし
❾**paradigmatic**：典型的な

"Box Tickers" and "Taskmasters"

◀ 23

A: A third[fourth] type is the ❶**box ticker**, and that's a classic term that's used a lot in offices. Basically, box tickers are there to make it seem like a company is doing something that it's not actually doing. So, you know, all corporations now, especially banks, but most of them have a ❷**compliance** division, which is all about trying to demonstrate they're complying with regulations, which, of course, they're not complying with at all. But they need people to make it look like they are. But there's a lot of that, actually, not just dealing with government, but ❸**internally** in corporations as well.

Finally there are taskmasters. And taskmasters are interesting. Basically, what they do is they give... either they ❹**supervise** people who don't need supervision or they create bullshit for other people to do. And very often they're related. So, there was one guy who was a ❺**middle manager**, said I used to do this job and then they kicked me upstairs, and now I'm supervising those people. Since I used to do that job, I know perfectly well that they don't need anybody supervising them. You know, if I wasn't there they would behave in exactly the same way. So, he was in a ❻**dilemma**, what does he do?

💬 Vocabulary

❶ **box ticker**：官僚主義的な手続きをする人
　☆直訳で「チェック欄にチェックを入れる人」。
❷ **compliance**：法令遵守、コンプライアンス
❸ **internally**：内部で

❹ **supervise**：～を監督する
❺ **middle manager**：中間管理職
❻ **dilemma**：ジレンマ、板ばさみ

「社内官僚」と「仕事製造人」

A：3つ目（「4つ目」の言い間違い）のタイプは「社内官僚」（チェック欄にチェックを入れる人）です。これは昔からオフィスで多用されている表現です。社内官僚は基本的には、企業が実際には行っていないことを行っているように見せかけるために存在します。現在では銀行をはじめとするほとんどの企業にはコンプライアンス部がありますが、その仕事は、ちっとも法令を遵守していないのに、遵守しているように見せようとすることがすべてです。企業には遵守しているように見せかけるための人員が必要なのです。社内官僚は政府対策のためだけでなく、企業内の対策のためにもたくさん存在しています。

　最後のタイプは「仕事製造人」です。仕事製造人は興味深いですよ。彼らの仕事は基本的には監督を必要としていない人を監督することか、ほかの人たちにBS職を作り出すことです。そして非常に多くの場合、この2つの仕事は結びついています。ある中間管理職がいたとします。彼はこう言うでしょう。「私は以前この仕事をしていたが、昇進して、今では部下を監督している。自分が以前やっていた仕事だから、部下には監督者が必要ないことは十分過ぎるほどわかっている。私がいなくても、彼らの仕事ぶりは何ら変わらないだろう」。ですから彼は、自分が何をしたらいいのだろうというジレンマを抱えているのです。

People Need Meaningful Jobs

Getting Rid of BS Jobs

◀ 24

Q: How do you think we could ❶**eliminate** those in the bullshit jobs?

A: Well, it's a really tough thing. I mean, I think that ❷**bureaucracy** tends to create more bureaucracy, and attempts to eliminate bureaucracy also tend to create more bureaucracy. So you can't, like... If you set up a government ❸**commission** to eliminate bullshit jobs, all it would do is, like, create new bullshit jobs. Just be shifting to government, perhaps. So, I'm trying to think of solutions that wouldn't have that effect.

I think that the easiest way to do it would simply be to make it... give people alternatives to taking them. Nobody wants to sit there and pretend to work all day. It's really horrible. And people in these jobs regularly reported themselves deeply ❹**depressed**. They talked about ❺**anxiety**, ❻ **psychosomatic** illnesses, terrible workplace ❼**dynamics**. The more pointless of job, the more people just scream at each other and ❽**bully** each other. If they all thought there was some reason for them to be there, they'd actually start treating each other much better. So, there's lots of reasons to get rid of them.

But there's also very little reason to take them unless you really have no option. A lot of people said just directly, you know, "I tried to do something useful. I couldn't pay the rent. You know, I was a preschool teacher." So, finally, I said, "Fine. OK, I'll get a job that is completely meaningless that, you know, pays three times as much." And that was a very common story. Some people managed to divide it up so they spent, like, three or four days doing useful things and then they spent one or two days doing pointless things to make enough money so that they can afford the first. But that's hard to arrange.

💬 **Vocabulary**

❶ eliminate：〜を排除する

❷ bureaucracy：官僚制度、お役所仕事

❸ commission：委員会

❹ depressed：うつ状態で

人々には意義のある仕事が必要だ

BS 職を排除する

Q：どうしたらBS職の人を排除できるとお考えですか。

A：排除するのは非常に難しいですね。お役所仕事はさらなるお役所仕事を生み出す傾向があり、お役所仕事を排除しようとする試みもさらなるお役所仕事を生み出す傾向があると思うからです。もしBS職を排除するための政府の委員会を設けたら、その委員会は新たなBS職を作り出すことにしかならないでしょう。おそらく排除する役目が政府に移るだけでしょうね。ですから私はそのような影響が出ない解決策を考えようとしているのです。

　BS職を排除するための最も簡単な方法は、単に人々に代替職を提供することだろうと思います。オフィスに座って一日中働いているふりをしたい人なんていませんからね。それは本当にひどいことです。BS職に就いている人々はしばしば、ひどいうつ状態になると自己申告しています。彼らは不安、心因性の疾患、職場でのひどい人間関係について報告しています。仕事が無意味であればあるほど、人々は互いに怒鳴ったりいじめたりするようになるのです。もし人々が皆、自分が働くことには意味があると考えたら、実際、互いにずっとよく接するようになります。BS職をなくさなければならない理由はたくさんあるのです。

　ほかに選択肢がない限り、BS職に就く理由はほとんどありません。多くの人が、「私は人の役に立つ仕事をしようとしましたが、それでは家賃を払えませんでした。私は保育園の先生だったのです」といったことを率直に述べています。ですから最終的には、「わかった、私はまったく無意味だが3倍の給料をもらえる仕事に就こう」となるわけです。こういった話はとてもよく耳にしました。中には役に立つ仕事と無意味な仕事を分割できた人もいます。週に3、4日は役に立つ仕事をして、週の1、2日は必要なものを買えるだけのお金を稼ぐために無意味な仕事をするといった具合です。しかしそういう仕事の分割の手はずを整えるのは難しいですね。

---

❺anxiety：不安（感）、心配　　　　**❼**dynamics：力関係、人間関係
❻psychosomatic：心因性の　　　　　**❽**bully：〜をいじめる

A Universal Basic Income

🔊 25

A: I think the easiest way, then, would be to make jobs that actually are useful pay more. That would be one obvious way. Another way, which I think would be, would solve the problem instantly, would be some sort of **❶ universal basic income**. And I've been very interested in **❷ proposals**. I should point out there's different **❸ versions** of basic income. There's kind of a **❹ right-wing** version, which is really about destroying **❺ the welfare state**. I'm not talking about that. I'm not talking about the **❻ liberal** version where you just give people kind of a **❼ backstop**. I'm talking about a real basic income, **❽ as in**: Give people enough to live on, and, you know, a comfortable but not **❾ luxurious** life. And **❿ leave it up to them** to then decide how they want to contribute to the world.

And the common **⓫ objections** are a lot of people would just be lazy. But, in fact, you know, I mean, here we have, in these bullshit jobs, people who are paid lots of money to do nothing, and they're really unhappy. So, I think that, you know, it shows that people actually want to do something with their lives if they have any opportunity. And the second argument is that, well, even if people do want to contribute to the world, if you leave it up to them to decide how they want to contribute, a lot of people are gonna choose something **⓬ dumb**, so you're gonna have lots of bad **⓭ poets**, and **⓮ annoying** street musicians, and **⓯ crank** scientists, you know, trying to invent **⓰ teleportation** devices, or prove the **⓱ hollow** earth theory or something like that.

🗨 Vocabulary

❶ **universal basic income (UBI)**：ユニバーサル・ベーシックインカム、最低所得保障
❷ **proposal**：提案
❸ **version**：見解
❹ **right-wing**：右派の、右翼の

❺ **the welfare state**：社会保障制度
❻ **liberal**：自由主義の、リベラルの
❼ **backstop**：（事態の悪化を防ぐための）安全策、防御壁
❽ **as in** ~：~におけるような

ユニバーサル・ベーシックインカム

A： BS職を排除するための最も簡単な方法は、人の役に立つ仕事の給料を上げることだと思います。その方法は疑う余地もありません。もう1つの方法は一種のユニバーサル・ベーシックインカムです。その方法だと、この問題はすぐに解決されると私は思っています。私はこの提案にとても興味をもってきました。ベーシックインカムにはさまざまな見解があることを指摘しておきましょう。右派的な見解は、社会保障制度を破壊してしまうというものですが、私が論じているものとは違います。私が論じているのは、単に人々に一種の防御壁を与えるというリベラルの見解でもありません。私が論じているのは、人々が快適ではあるが贅沢ではない生活をしていくのに十分なお金を与えるような、本当の意味でのベーシックインカムです。そして（ベーシックインカムを受けたうえで）どのように世界に貢献するかを決めるのは、人々に委ねたらいいのです。

　ベーシックインカムに対するよくある反対意見は、多くの人が怠惰になってしまうだろうというものです。しかし実際、BS職では何もしないで高い給料をもらっている人たちがいます。そしてそういう人たちは本当に不幸を感じています。このことは、実は人は機会さえあれば自分の人生で何か人の役に立つことをしたいと考えていることを示していると思うのです。2番目の反対意見は、たとえ人々がいくら世界に貢献したいと思っていても、貢献の仕方を彼らに委ねたら、多くの人が愚かなものを選ぶだろうというものです。つまりへたな詩人、イライラさせるストリート・ミュージシャン、瞬間移動装置の発明や地球空洞説の証明みたいなことを目指すマッド・サイエンティストなどがたくさん出てくるだろうということですね。

Chapter 3　David Graeber

---

⑨ luxurious：贅沢な
⑩ leave A up to B：AをB（人）に任せる
⑪ objection：反対（意見）
⑫ dumb：愚かな
⑬ poet：詩人

⑭ annoying：イライラさせる
⑮ crank：変人、奇人
⑯ teleportation：瞬間移動
⑰ hollow：空洞の

And, you know, sure, that's true, you'll probably get some of that. But if 37 percent of the public already thinks that their jobs are completely pointless, how is it gonna be more inefficient than it already is? And second, second of all, they'll be much happier. They'll at least be doing nonsense that they like. And third of all, you know, all you need is one of those guys to actually be a brilliant artist or musician, you know, John Lennon, Miles Davis, or Shakespeare, so one of them to actually invent a teleportation device, you know, one of those crank scientists turns out to be Einstein, you've got your money back right there.

　もちろんそれは本当でしょう。中にはそういうこともあるでしょう。しかし国民の37パーセントがすでに自分の仕事をまったく無意味だと考えていたら、現状よりも無駄になることなどあるでしょうか。第二に、人々ははるかに幸せになるでしょう。少なくとも自分たちが好きなナンセンスなことをやっているでしょう。そして第三に、そういった人たちの中の1人でもジョン・レノン、マイルス・デイヴィス、シェイクスピアのような素晴らしいアーティストやミュージシャンになったら、また1人でも瞬間移動装置を発明したら、マッド・サイエンティストの中の1人でもアインシュタインのような人になったら、すぐに元は取れるのです。

＼ In Detail ／

BS職のもう1つのタイプ：BS職の存在を否定する人たち

　そもそもBS職というのは、それがどれくらい主観的な判断で、どれくらい客観的なリアリティがあるのだろうか。グレーバー氏は著作の中でfinal note（最後に言いたい一言）として、次のようなことを書いている。

　「アンケート調査の結果、自分たちの仕事が無意味であることを否定するだけでなく、われわれの経済には意味のない仕事がまん延しているという考えそのものに、あからさまな反感を示す人々のタイプが1つあった。このタイプは予想どおり、ビジネス・オーナーや人の雇用・解雇を担当する人々であり、そういう人たちは『必要とされない従業員には誰もお金を使わない』と主張している」

　グレーバー氏は上記のタイプの人々について、さらにこう書いている。

　「彼らのほとんどが、この章に書かれたこと（BS職のタイプ）は市場経済では実際に生じようがないので、生じていないという循環論法を使う。そのため彼らは、自分の仕事が無意味であると確信している人たちは、勘違いしているか、単に自分の本当の役割を理解していないだけだと言っている」

　だから、ここで述べたように、自分の仕事がBS職であることに純粋に気付いていないタイプの人々が少なくともいるわけである。「もちろんCEOは重要で、彼らの行動こそがまさに世界の中で違いを生じさせる。が、CEOたちは自分たちが作り出しているBS職が見えていないだけなのである」とグレーバー氏は結論づけている。

The Importance of Caregiving Labor

Production vs. Maintenance

🔊 26

Q: So, I think you said somewhere that the traditional **❶conception** of working-class work is wrong.

A: Yes. Yeah, that's an important thing that came out of my, not so much research but just life observation. And writing the book, it really came **❷to the fore**, is that we have this idea of production, productivity.

And, you know, obviously, a lot of work is productive in that sense of making something. But most work isn't. Most work involves taking care of stuff. I always point out you make a cup once, but you wash it a thousand times. Why is it we always focus on making the cup rather than washing the cup as the **❸paradigm** for labor, even though most labor is actually involved not in **❹transforming** things, but in keeping them the same. And I thought that was interesting because... Well, obviously, there's also a **❺patriarchal** element. There's a **❻gender bias**. You know, women have to do the maintenance work and thus that work is **❼devalued**, and a lot of it's unpaid[underpaid].

💬 Vocabulary

❶ conception：理解、考え
❷ to the fore：前面に
❸ paradigm：実例、規範
❹ transform：〜を変質［変形］させる
❺ patriarchal：男性優位の
❻ gender bias：性差別、性差に対する偏見
❼ devalue：〜の価値を下げる

人の世話をする労働の大切さ

製造 vs. 維持

Q：あなたは（著作 *Bullshit Jobs* の）どこかで労働者階級の仕事に対する伝統的な考えは間違っていると書かれていましたね。

A：はい。それは私のリサーチというよりも生活の観察から知った重要な事柄です。そして本を執筆していて前面に出てきたのが、私たちが持つ製造と生産性という考えです。

　何かを製造するという点では、明らかに、多くの仕事は生産的です。しかしほとんどの仕事は生産的ではありません。なぜならほとんどの仕事は何かの世話をすることを伴うからです。私がいつも言うことは、コップを作るのは1回だが、洗うのは1,000回だということです。私たちはなぜいつも、労働の実例として、コップを洗うことよりも作ることを重要視するのでしょうか。ほとんどの労働は物を変化させることではなく、同じ状態に保つことに携わっているというのに。私はこの点を興味深いと思ったのです。それには明らかに、男性優位の要素もありますね。性差別があるのです。女性が何かを維持する仕事をしなければならないので、そのような仕事の価値は下げられ、多くが無給（「低賃金」を意味している。以下同）となるのです。

Caring Labor vs. Automation

◀ 27

A: But ❶**nonetheless**, if you think about it, caring labor, the kind that's most likely to be unpaid[underpaid], is also a big ❷**component** of all real working-class work. There was an example that really ❸**brought it home to me** and made me think about this, is ❹**tube** workers. There was a strike in the London Underground about closing ticket offices. Of course, nobody takes tickets anymore, it's all automated, so people say, "Well, who needs these guys?" You know, capitalism doesn't want them, you know, maybe they have bullshit jobs.

And they replied something I thought was very impressive. They said, "OK, sure, you know, you want to have tube stations with nobody working there, with no ticket office? Fine. Let's just hope your child doesn't get lost. Let's just hope some drunk guy doesn't start following you around and ❺ **harassing** you. Let's just hope there isn't an emergency and, like, something breaks. Let's just hope you're not confused about directions. Let's hope that you don't get a medical problem." You know, and then they sort of went through all the things they actually do. And it became very clear that really caregiving labor, you know, taking care of people who are sick, or lost, or confused, you know, ❻**intervening** when people have a fight, that's what they really do.

And especially when it comes to automation, I realized that even if that task could be automated—taking tickets, yeah, sure, you can automate that, but those are the things that, even if you could figure out a robot that could find lost children or ❼**talk down** drunks, that's kind of the job you really don't want a robot doing. You know, we probably wouldn't want it done the way a robot would do that. Whereas... So it's the caring aspects of labor that are the most ❽**enduring**, and will be the most enduring as automation goes on. But those are exactly the ones that are being increasingly "bullshitized" by the attempt to add computer technologies to it anyway.

💬 Vocabulary

❶nonetheless：それにもかかわらず、それでもなお   ❸bring A home to B：AをBに痛感させる
❷component：構成要素、部分   ❹tube：（ロンドンの）地下鉄

人の世話をする労働 vs. 自動化

A：そうとはいっても、考えてみれば、人の世話をする労働はまず間違いなく無給（低賃金）ですが、その種の労働が現実の労働者階級の仕事の大部分を占めてもいるわけです。私がそのことを痛感し、考えさせられた例は、地下鉄の労働者です。切符売り場の閉鎖に対するストがロンドンの地下鉄でありました。もちろん、チケットを受け取る人はもはや1人もいません。全部自動化されていますから。そのため「切符売り場の労働者は必要ではないんじゃないか」と言う人たちが出てくるのです。資本主義は切符売り場の労働者を必要としません。彼らがBS職に就いていると思っているのかもしれません。

　そして切符売り場の労働者たちの返答に私はとても感銘を受けたのです。彼らは次のように答えました。「わかりました。切符売り場がない、誰も働いていない地下鉄駅がいいのですね。いいですよ。あなたのお子さんが迷子にならないといいのですが。酔っ払いがあなたをつけまわし始めて嫌がらせをしないといいのですが。何かが壊れたりして緊急事態が起きないといいのですが。あなたが道順に混乱することがないといいのですが。あなたに医療が必要となる問題が起きないといいのですが」。こうやって労働者たちは自分たちが実際に行っているあらゆることを詳しく説明したのです。そうしたら人の世話をする労働とは、具合の悪い人や迷子になった人、あるいは混乱した人の世話をしたり、けんかの仲裁をしたりすることだということが明らかになり、それが彼らの本当の仕事だということが明らかになったのです。

　特に自動化に関して私が気付いたことがあります。切符を受け取る仕事は自動化できますよね。しかし、たとえ迷子の子どもを見つけたり酔っ払いを落ち着かせたりできるロボットを考案できたとしても、その種の仕事はロボットには決してやってほしくありません。私たちはおそらく、そのような仕事はロボットのようなやり方では行ってほしくないと思うでしょう。ですから労働における人の世話という側面は不朽なのです。そしてその側面は自動化が進んでも不朽なのです。しかし人の世話をする仕事こそ、コンピューター・テクノロジーを導入するという試みによって、ますますBS職化されているのです。

❺ harass：〜に嫌がらせをする
❻ intervene：介入する、仲裁する

❼ talk down 〜：〜を（話して）落ち着かせる
❽ enduring：不朽の

Rethink Our Work

◀ 28

Q: I think **❶your book** can serve as a tool with which we can rethink the meaning of work.

A: I certainly hope that is the case because one of the things I thought was really interesting was listening to people and what they said about their jobs. Often people say, "My job has no social value." I thought to myself, "What do they mean by social value?" You know, there's a sense that people already have a **❷critique**. It's not quite **❸articulated**. And, in this case, I think it often, say, doesn't help anyone. It doesn't benefit anybody. So, again, that **❹notion** of caring for other people.

You know, you could take the idea of caregiving as the **❺primary** form of labor rather than as a sort of **❻secondary ❼reproductive** thing, like, you know, is a completely **❽marginal ❾afterthought**, as we treat it now. As feminists have pointed out, all labor is caring labor in a sense. You make a bridge because you care if people can cross the river, right? Maybe we should rethink what's important to us about work because the way we think about it now, it's deeply **❿perverse**. There's this idea that we should suffer. And, suffering is our sort of **⓫badge** of being a real adult, being a responsible person who therefore deserves, you know, whatever consumer pleasures they get when they go home.

💬 Vocabulary

❶your book：*Bullshit Jobs: The Rise of Pointless Work, and What We Can Do About It*（デヴィッド・グレーバー著、邦訳未刊行）

❷critique：批評、批判

❸articulated：考えがはっきり述べられる

❹notion：考え

❺primary：最も重要な、第一の

❻secondary：あまり重要でない、二次的な

労働を考え直す

Q：ご著作（*Bullshit Jobs*）は、私たちが労働の意味を考え直す手段になり得ると思います。

A：本当にそうなればいいと望んでいます。私がとても興味を持ったことの1つが、人々が自分の仕事について語るのを聞くことでしたから。彼らはしばしば「自分の仕事には社会的な価値がない」と言いましたが、私はそれを聞いて、「彼らの言う社会的な価値とはどういうことだろう」と心の中で思ったものです。人々はすでに自分で自分を批判しているような感じがします。彼らはあまりはっきりとは言いませんが。でもそれだと誰の助けにもならないし、誰の役にも立たないと思います。それだから、もう一度言いますが、他者の世話をするという考えが大切になるのです。

　人々はケアの提供を、いわば重要でない繰り返しの労働としてではなく、労働の最も重要な形態として考えるといいでしょう。現在、人々はケアの提供をまったく重要でないつけ足しのような労働として扱っています。フェミニストが指摘したように、すべての労働がある意味、人の世話をする労働です。あなたが橋を架けるのは、人々が川を渡れるか心配だからですよね。私たちは、自分たちにとって労働の何が大切であるかを考え直すべきかもしれません。今の私たちの労働に対する考え方は非常にねじれているからです。例えば、私たちには苦しまねばならないという考えがあります。苦しみは真の大人の一種のあかしであり、責任感のある人の一種のあかしであると考えるのです。そのため苦しんでいる人は、自宅では自分が望む消費者としての喜びを胸を張って味わえるというわけです。

❼ reproductive：再生の、繰り返しの
❽ marginal：重要でない
❾ afterthought：つけ足し

❿ perverse：道理に反する、ねじれた
⓫ badge：しるし、あかし

So on the one hand, you have this strangely ⑫**hedonistic** philosophy where you're just calculating to get your maximum benefit. On the other hand, you have this sort of ⑬**self-sacrificing**, religious, ⑭**theological** idea that work is almost your ⑮**secular** ⑯**hair shirt**—the ⑰**misery** that you endure for eight hours is what makes you deserving of the happiness that you have in the few hours you have to yourself. And it's a deeply perverse way to think about life, and it's also ⑱**ecologically** ⑲**destructive**, it's socially destructive, and we really need to rethink these things.

💬 **Vocabulary**

⑫**hedonistic**：快楽主義的な
⑬**self-sacrificing**：自己犠牲の
⑭**theological**：神学的な
⑮**secular**：世俗的な

⑯**hair shirt**：In Detailを参照。
⑰**misery**：みじめさ
⑱**ecologically**：生態学的に
⑲**destructive**：破滅的な

それで私たちは一方では最大限の恩恵を受けたいと計算する、奇妙に快楽主義的な哲学を持ち、もう一方では労働とはたいてい世俗的な苦痛を強いるもので、みじめな思いに8時間耐えているおかげで、自分のための数時間は胸を張って幸せを感じることができると考える、自己犠牲的で宗教的で神学的な考えを持っているのです。これは人生に対する非常にねじれた考え方であり、生態学的にも、社会的にも破滅的です。ですからこういったことは考え直さないといけないのです。

\ In Detail /

hair shirt：苦痛
　　hair shirt とは元々キリスト教の修道士が苦行のために着用した、ラクダや馬の毛で織った下着を指す。着るとちくちくして肌が痛むので、転じて「苦痛」という意味で用いられるようになった。

　デヴィッド・グレーバー氏は、彼が*STRIKE!*という雑誌に2013年に掲載したbullshit jobs（存在する必要のない仕事）についてのエッセイで世界的に耳目を集めた。のちにそれが骨子となった*Bullshit Jobs: The Rise of Pointless Work, and What We Can Do About It*が出版されてますます物議を醸したが、実は彼が勇気を出して書いたことは、管理職に就いている人のかなりの部分が実際に感じていることなのだ。彼らは自ら「必要がない」と感じている仕事に就いていることを自覚しているのである。

　皮肉なことに、実際に必要とされる仕事よりも、必要でないbullshit jobsのほうがはるかに高給である。しかも20世紀前半のケインズの時代にはbullshit jobsが仕事全体の25%くらいしか占めていなかったのに、今では75%くらいにまで増えているそうだ。

　グレーバー氏はアナーキストとしても有名である。彼は2005年にイェール大学の教授職を解雇されているが、それは政治的な理由であったと言われている。その後2013年にはロンドン・スクール・オブ・エコノミクスの教授職に就き、現在に至る。グレーバー氏は2001年にサバティカル（長期休暇）を取得した時に反グローバリゼーションの運動にも積極的に参加したが、私から見ると、氏は70%がアクティビストで、30％が学者であるように見えるほどの実行派である。

　私はグレーバー氏のbullshit jobsに対する考え方に100%賛同する。人生の意義を考える時に、自分が必要のない仕事に就いていたら情けない気持ちになる。そして、そういった仕事よりも、生産現場での作業や介護といった必要な仕事を高給にしたほうがいいと思っている。人手不足を解消するには給料をぐっと上げるしかない。そしてそれは高給のbullshit jobsをなくすことで可能になると思う。

　氏はロンドンで教えているが、米国人なので当然アメリカ英語で話す。スピードはやや速いが、聞き取りに挑戦しよう。

重要単語&フレーズ

☐ **figure ～ out**
　～を理解する

☐ **modest**
　謙遜した

☐ **literally**
　文字どおり

☐ **irony**
　皮肉

☐ **inverse**
　反対の (**inverse relationship**で
　「反比例関係」)

☐ **testimony**
　証言

☐ **narrative**
　(出来事や経験などに関する) 話

☐ **the equivalent of ～**
　～に相当するもの

☐ **aggressive**
　攻撃的な

☐ **interfere**
　干渉する

☐ **glitch**
　問題 (点)

☐ **oversight**
　見落とし

☐ **compliance**
　法令遵守、コンプライアンス

☐ **supervise**
　～を監督する

☐ **bureaucracy**
　官僚制度、お役所仕事

☐ **anxiety**
　不安 (感)、心配

☐ **dynamics**
　力関係、人間関係

☐ **bully**
　～をいじめる

☐ **the welfare state**
　社会保障制度

☐ **luxurious**
　贅沢な

☐ **objection**
　反対 (意見)

☐ **conception**
　理解、考え

☐ **to the fore**
　前面に

☐ **gender bias**
　性差別、性差に対する偏見

☐ **harass**
　～に嫌がらせをする

☐ **intervene**
　介入する、仲裁する

☐ **enduring**
　不朽の

☐ **articulated**
　考えがはっきり述べられる

☐ **afterthought**
　つけ足し

☐ **perverse**
　道理に反する、ねじれた

Chapter 4

Tomáš Sedláček

Profile

トーマス・セドラチェク　経済学者

1977年に現在のチェコ共和国で生まれる。2001年、彼がプラハ・カレル大学在学中の24歳の時に、チェコ共和国大統領ヴァーツラフ・ハヴェルの経済アドバイザーとして抜擢され、2004年にはチェコ共和国国家経済会議のメンバーになる。現在はチェコ共和国の商業銀行であるCSOBでマクロ経済担当のチーフストラテジストを務めると同時に、大学での講義や経済新聞のコラムの執筆なども行っている。

彼の著作である『善と悪の経済学』（東洋経済新報社）はチェコ共和国でベストセラーになったのち21の言語に翻訳され、2012年にはドイツのフランクフルト・ブックフェアでベスト経済書賞を受賞。そのほか邦訳版としては『続・善と悪の経済学　資本主義の精神分析』（東洋経済新報社）も出版されている。

"Capitalism would be perfect if the drive of capitalism would go precisely with our moral feelings. "

資本主義の推進力が私たちの倫理観とぴったり合致すれば、
資本主義は完ぺきなシステムになると思います。

Interview Point

　セドラチェク氏の主張のポイントは「資本主義は批判を受け入れながら、よりよい方向に進化する」ということである。インタビュー前半部では、その論旨がわかりやすい例とともに語られる。

　続いて、氏は精神分析のアプローチで経済学を批判していく。経済学が「倫理」、「社会がよりよい方向に自らを修正しようとする力（社会の見えざる手）」、「数字では表せない側面」といった社会にとって重要な要素をあえて無視することを精神疾患の症例として捉えるのが彼の観点の特徴だ。

　セドラチェク氏はフェアに競争できる環境が理想的な資本主義だと言う。なぜなら競うことが人間の本性だからだ。そして人々が自分の天職を見つけられる社会を実現すべきだと言う。インタビューを通して、社会はよりよくなるという彼の思いがにじみ出ていることに注目したい。

Capitalism Changes

Communism-like Capitalism

🔊 29

Q: Kazumoto Ohno   **A:** Tomáš Sedláček

Q: OK, these days more and more ❶**pundits** argue that capitalism is under attack or criticism, or at least they say it is the best of the worst systems, which means we have not found a better system. What is your take on this argument?

A: I think it's a very common argument. It's also very difficult to ❷**define** what capitalism is. You know, I can also say that the world is becoming more ❸**communist**. Communist, I mean the things that we share together and it doesn't matter if you're rich or poor. So, for example, weather is something that we share together. But that was always the case. But these days even cola is something. A rich person cannot have a better Pepsi than a poor person.

And the same goes for internet. So, my son is 11 years old and his cellphone is the same like Bill Gates'. Also, ❹**insurance**, in terms of insurance, it has never happened in the history of mankind that every—so, this is Europe, yeah—so, in Europe, everybody gets the same ❺**health care**. It doesn't really matter whether you're rich or poor. So, there are many, many things that are actually more ❻**communitarian** or communist. So, it's hard to say what is capitalism and what is communism. But the belief that you take care of the things better if it's actually somebody's ❼**property**, this, I think, is true even in communist systems.

💬 **Vocabulary**

❶ pundit：専門家、有識者
❷ define：〜を定義する
❸ communist：共産主義の、共産主義者
❹ insurance：保険

❺ health care：健康保険（制度）
❻ communitarian：共同体主義の　☆共同体主義とは個人よりも共同体を優先させる政治思想。
❼ property：所有物

資本主義は変化する

共産主義のような資本主義

Q：大野和基　　**A**：トーマス・セドラチェク

Q：最近ではますます多くの識者が資本主義は非難や批判を受けていると主張したり、少なくとも資本主義は最悪のシステムの中の最善のシステムで、それよりもよいシステムが見つかっていないと主張したりしています。こういった主張についてどうお考えですか。

A：とてもよく耳にする主張ですね。しかし、資本主義とは何かを定義するのはとても難しいことです。そして世界がだんだん共産主義に近づいてきていると言うこともできます。ここで言う共産主義とは、裕福な人も貧しい人も関係なく、何かを一緒にシェアすることを意味します。例えば、天気は私たちみんながシェアするものですね。天気はずっとそうでした。しかし最近では、コーラですらシェアするものです。お金持ちだから貧しい人よりもおいしいコーラを飲めるということはありません。

　そしてインターネットについても同じことが言えます。私の息子は11歳ですが、彼の携帯電話はビル・ゲイツが使っているのと同じようなものです。保険も同じです。保険について言えば、人類史上初のことですが、ヨーロッパでは、誰もが同じ健康保険を受けられるようになりました。裕福な人も貧しい人も関係ありません。ですから資本主義社会でも、実際には、より共同体主義的な、共産主義的なものがたくさんあるのです。何が資本主義で何が共産主義であるかを言うのは難しいのです。しかしあるものが他人の所有物だったらより大切に扱うという考えは、共産主義のシステムにも当てはまると思います。

Capitalism Accepts Criticism

🔊 30

A: So, what's my point? My point is that capitalism changes. Capitalism was different 20 years ago. Capitalism was very much different 200 years ago. 200 years ago, it was a disgusting type of capitalism, and I would probably be maybe ❶**Marxist** 200 years ago because people, small children are dying, so everybody must understand. But the question is: What would ❷**Marx** say today? If Marx would live today, would he rather live in a capitalist society, which is ❸**ideologically** wrong to him but very pleasant to live in, or would he rather live in a communist country, such as, for example, North Korea?

So the disadvantage—and this is something that ❹**Joseph Schumpeter** I think said very well—is that capitalism is the only, or one of the few ideologies that wants to be criticized. ❺**Christianity** is OK with criticism. They no longer burn people. But they were not very happy with it. Capitalism wants to be criticized, so you can actually earn a lot of money—and a lot of philosophers do—criticizing it. So, I am a believer in evolution, not in killing something. I had a big debate with David Graeber. We published ❻**a book** together. And there we argued that the economy is a little bit like zombie. And he argued that the zombie must be killed, and I argued that the zombie must be given life, must be given new heart. So, I think, for example, like you have a literature critic—somebody who criticizes literature—he is not or she is not a literature critic because they hate literature, but they are a literature critic because maybe they like literature and they want to make it better.

So, in the same way, I think I am a critic of capitalism, a capitalist as well. I absolutely believe in improving capitalism. And there are many ways in which capitalism can turn into... so, for example, into communitarianism.

💬 **Vocabulary**

❶ Marxist：マルクス主義者
❷ (Karl) Marx：カール・マルクス　☆科学的社会
　主義を提唱。『資本論』の著者。
❸ ideologically：イデオロギー的に
❹ Joseph Schumpeter：ヨーゼフ・シュンペーター
　☆現在のチェコ共和国出身の経済学者。

資本主義は批判を受け入れる

A：私が言いたいことは何かといえば、資本主義は変化する、ということです。20年前の資本主義は現在のものとは異なりました。200年前の資本主義ははるかに異なっていました。200年前はひどいタイプの資本主義でした。人々が、小さな子どもたちが（過酷な労働で）死んでいたので、私なら当時おそらくマルクス主義者になっていたでしょうね。そういうことを皆、理解しておかないといけません。しかし、マルクスが現在生きていたら何と言ったでしょう。もし彼が現在生きていたら、資本主義の社会に住んだほうがいいと思うでしょうか。それは彼のイデオロギー的には間違ったことですが、住んでみればとても快適でしょう。それとも彼は共産主義の国に住んだほうがいいと思うでしょうか。例えば北朝鮮のような。

　資本主義の不利な点は、これはヨーゼフ・シュンペーターが喝破したことだと思いますが、資本主義は自ら批判されたいと願っている唯一の、あるいは数少ないイデオロギーの1つであるということです。キリスト教も批判して大丈夫です。昔のように人々を火あぶりの刑にするようなことはしません。しかしキリスト教はあまり批判を歓迎しませんでしたね。一方、資本主義は批判されることを望んでいるのです。批判することでお金もうけもできます。哲学者の多くが資本主義を批判して稼いでいますよね。私は進化を信じており、何かを殺すことは望みません。私はデヴィッド・グレーバー（Chapter 3参照）と大論争をしたことがあります。私たちは本を一緒に出版しましたが、その本で、私たちは経済には少しゾンビのようなところがあると論じました。グレーバー氏はゾンビは殺されなければならないと主張しましたが、私はゾンビは生命を与えられ、新しい心臓を与えられなければならないと主張しました。たとえ話をすると、文芸評論家は文学を評論しますが、彼らは文学が憎いからその仕事に就いたのではなく、おそらく文学が好きで、文学をもっとよくしたいからその仕事に就いたのです。

　同じように、私は自分を資本主義、資本家の批評家だと思っています。私は資本主義をよりよくすることはよいことだと固く信じています。そして資本主義が、例えば共同体主義のようなものに変貌する方法はたくさんあります。

---

❺**Christianity**：キリスト教
❻**a book**：*Revolution oder Evolution: Das Ende des Kapitalismus?*「革命か進化か：資本主義の
終わり?」（Tomáš Sedláček、David Graeber、Roman Chlupatý、Hans Freundl著、邦訳未刊行）

The Sprit, Soul, and Body of Society

The Sprit Wants to be Better

🔊 31

Q: You view the economics from the viewpoint of the... When I translated from the Japanese into English, it's **❶schizophrenic disorder**.

A: Yeah. Yeah. Schizophrenia is... This was mainly me criticizing not the economy, but economics, and our science. I tried to separate. In **❷my book**, I divide the society between spirit, soul, and body. So, body is the pen, **❸the economy**, the tractor, the chair. Soul are **❹institutions**—law, money is a good example, something that doesn't really exist, but it **❺structures** the existence.

Q: The concepts exist.

A: Concept. Yes, exactly. And so that would be law, that would be education, that would be money, this would be banks, all sorts of institutions. And now the question is: What is the spirit? And the spirit is something that wants. It doesn't know how, but it wants. There is a **❻saying** in **❼the New Testament**. When Jesus Christ is in **❽Gethsemane**, his **❾disciples** fall asleep, and he says, "Your spirit is ready, but the body is weak." And I think this is the situation in economics as well. The spirit is ready. We want to be better.

💬 Vocabulary

❶schizophrenic disorder：統合失調症　☆思考、感情、行動などが実社会と乖離する精神疾患。

❷my book：『続・善と悪の経済学　資本主義の精神分析』（トーマス・セドラチェク、オリヴァー・タンツァー著、東洋経済新報社刊）

❸the economy：ここでは「実体経済（生産・消費・投資などの具体的な経済活動）」を指している。

❹institution：（社会）制度

❺structure：〜を構成する

❻saying：重要な発言

98

社会の精神、魂、肉体

精神はよりよくなりたいと思っている

Q：あなたは経済学を、日本語から英語に訳すと、schizophrenic disorder（統合失調症）の観点から見ていらっしゃいますね。

A：はい。私は統合失調症という語を「経済」を批判するためではなく、「経済学」を、そして「社会科学」を批判するために用いました。（経済と学問を）区別しようとしたわけです。私は著作の中で、社会を「精神」と「魂」と「肉体」に分けました。「肉体」はペン、実体経済、トラクター、椅子のようなものです。「魂」は制度です。法律や貨幣がいい例ですね。実際には存在しないが、存在を構成するのです。

Q：概念が存在するということですね。

A：概念。そのとおりです。「魂」とは法律、教育、貨幣、銀行といった、あらゆる種類の制度のことです。それでは「精神」とは何でしょうか。「精神」とは何かを欲するものです。どのように欲するのかはわかりませんが、欲するのです。新約聖書に重要な発言があります。イエス・キリストがゲッセマネにいた時に、彼の弟子たちが（睡眠の誘惑に負けて）眠ってしまったので、イエスは「精神はその気でも、肉体は弱いのだ」と言いました。この発言は経済学の現状にも当てはまると思います。精神はその気になっています。よりよくなりたいと思っているのです。

❼**the New Testament**：新約聖書
❽**Gethsemane**：ゲッセマネ　☆イエスが最後の晩餐のあと、弟子たちと共に祈った場所だとされている。
❾**disciple**：弟子

Capitalism Needs Fair System

🔊 32

A: So, the spirit, I think,—❶**Jeremy Rifkin**—you must know Jeremy Rifkin very well. He's also sort of a philosopher economist. He wrote a wonderful book called *Empathic Civilization*, in which he argues, quite ❷ **convincingly**, that our society is more willing to be good. We want to take care of the poor. We don't want weak people to die on the street. We don't want old people to die on the street. We don't want children to be ❸ **massacred** unnecessarily. We are against unnecessary pain. But we don't know how to do this.

So, for example, for me, capitalism would be perfect if the ❹**drive** of capitalism would go precisely with our ❺**moral** feelings. But this is not the case. This is sometimes not the case. A good example would be international trade. OK. So, for example, I come from a poor country, you come from a rich country. I am ready to sell you one kilo of coffee, one kilo of coffee for $1, for example. And it's a good price for me. And you come from a rich country, and you are used to paying $100 for a kilo of coffee. And now, let's meet, let's say we meet for the first time. What will be the price? You know, if the price is $50, I get $49, you get $49 or $50. So then, you save $50 for coffee and I make $50, so it would be fair.

So, if I asked people, "What should the price be?" So, I ask my students, they always say, "Well, the price should be $50 or up. So if the price is, let's say, $80, then I get $79 extra, but you'd still make $20." So, a lot of people feel that the poor person should get more from the trade than the rich person. This is, I think, something that we have pretty much ❻**inbuilt**.

💬 Vocabulary

❶**Jeremy Rifkin**：ジェレミー・リフキン　☆米国出身の経済学者、文明評論家。ドイツのメルケル首相のブレーンとして活動。IoTなどの科学技術が経済社会を根底から変えることなどを論じている。
❷**convincingly**：納得のいくように、説得力を持って
❸**massacre**：～を虐殺する
❹**drive**：推進力、原動力

❺**moral**：倫理の
❻**inbuilt**：生得の、持って生まれた
❼**negotiating power**：交渉力
❽**cheat**：～をだます
❾**advantageous**：有利な、好都合な
❿**the invisible hand**：In Detailを参照。
⓫**voluntary**：自発的な

資本主義にはフェアなシステムが必要

A：「精神」というと、あなたはジェレミー・リフキンのことをとてもよくご存じですよね。彼は哲学者であり、経済学者でもありますが、*The Empathic Civilization*「共感文明」（邦訳未刊行）という素晴らしい本を書きました。その本で彼は「私たちの社会は善を望み、貧しい人たちを救おうとする」と、説得力を持って主張しています。私たちは弱者や老人に路上で亡くなってほしくありません。私たちは子どもたちが不必要に虐殺されるのを見たくありません。私たちは不必要な苦痛に抗います。しかしどうやってこういったことを止めたらいいのかわからないのです。

　例えば私は、資本主義の推進力が私たちの倫理観とぴったり合致すれば、資本主義は完ぺきなシステムになると思うのです。しかし事実はそうではないことがあります。わかりやすい例が国際貿易でしょう。私は貧しい国の人で、あなたは裕福な国の人だとします。私はあなたにコーヒー1キロを1ドルで売るつもりだとします。これは私にとってはいい価格です。あなたは裕福な国の人だから、1キロのコーヒーに100ドル支払うことに慣れています。さて、私たちは初対面だとします。価格はどうなるでしょう。もし価格が50ドルだとすると、私は49ドル分余計にもうかるし、あなたは49ドルか50ドル分もうかることになります。ですからあなたが50ドル節約できて、私が50ドルもうけるので、それはフェアな取引ということになるでしょう。

　それで「コーヒーの価格はいくらであるべきですか」と私の学生たちに尋ねてみたら、彼らはいつも、「価格は50ドル以上であるべきです。もし価格が仮に80ドルだとしたら、私は79ドル分余計にもうかり、それでも買い手であるあなたは20ドル分もうかることになりますから」といった内容のことを答えます。つまり多くの人が、取引では貧しい人が裕福な人よりも多くもらうべきだと感じるわけです。これはほぼ私たちの持って生まれた感情だと思います。

\ **In Detail** /

the invisible hand：見えざる手
　アダム・スミスが『国富論』（1776年）で用いた言葉。彼は投資家が個人の利益を得るために効率的な資産運用をすると、まるで「見えざる手」に導かれるように、社会全体の経済も成長すると論じた。

So, a fair price would be $50 or up because to many people it's fairer that the poor guy gets more from the deal than the rich guy. But, of course, we know that in the real world, the price would be $1.01. Why? Because the more powerful, the richer person has more **❼negotiating power**. You can see this easily when you go to a cheaper country and you come to somebody who sells you bread, and he asks you, "Where are you from?" You know, this is what they always ask. They not only try to be friendly, they also try to determine your price level.

So, you say, "I'm from Japan," and they say, "Oh, Japan. One loaf of bread, I see. $10. Good, special price for you." And you say, "No. Everywhere here bread costs only $1, and now you're trying to **❽cheat** me and sell it to me for $10." And this guy could say, "No, I'm not cheating you. Normally you pay $20. I am giving you a very good price for Japanese. I'm giving you half price."

But fair or unfair, you can walk away. He cannot walk away. So, you will be able to find bread for $1. He will not be able to sell bread for $10. So, the system of the market makes it more **❾advantageous** for the strong people. So, this is something that we should change so that when you pay a price, it already has... the system somehow should be done in a way that it also is fair towards us.

Q: That's why you call this schizophrenia.

A: Yeah. We want... and also we have even very... I call it schizophrenia because we want something but it ends up something else. This is schizophrenic in terms of also not admitting it because we have very many schools that tell you that economics should not care about morals. We have these schools that believe that **❿the invisible hand** of the market, you just do your own thing and the invisible hand of the market will make sure that other people get goodness out of it as well. But we've been trying to also be very schizophrenically blind, not knowing about the other side of the dark economy during the classical times, when all unemployment was **⓫voluntary** unemployment, even though you had hundreds of people on the street. Our models un-allowed us sometimes to feel the reality.

ですからフェアな価格は50ドル以上ということになるでしょう。なぜなら多くの人にとって、取引で貧しい人が裕福な人よりも多くもらうほうが、よりフェアだからです。ですが、私たちはもちろん、現実世界では価格が1ドル1セントになるだろうことを知っています。なぜでしょう。なぜなら、より力があって裕福な人のほうに、より大きな交渉力があるからです。このことは物価が安い国に行ってみたら容易にわかります。あなたがパンを売っている人の所に行くと、彼はあなたに「どこの国から来たんですか」と尋ねます。彼らはいつだってこのように尋ねます。単に親しくなろうとしているだけではなく、あなたの価格レベルを判断しようとしているのです。

　それであなたが「日本から来ました」と答えると、パン屋は「ああ、日本ですか。パン1斤ですね。10ドルです。特別価格ですよ」と言うでしょう。そこであなたが「いいや、この国ではどの店でもパンはたったの1ドルなのに、あなたは私をだまして10ドルで売りつけようとしている」と反論すると、パン屋は「いや、だまそうとしていませんよ。ふつうあなたは20ドル払っていますよね。私は日本人にとってはお得な価格を提示しています。半額にしているんですから」と答えるでしょう。

　しかしフェアかアンフェアかにかかわらず、あなたはその場を立ち去ることができます。パン屋は立ち去ることができません。そのためあなたは1ドルでパンを買うことができるのです。パン屋は10ドルでパンを売ることができません。このように市場のシステムが、力のある人に有利なようにできているのです。こういったことを私たちは変えるべきです。システムが私たちにとってフェアになるように、どうにかして変えるべきです。

Q：だから、このようなことをあなたは「統合失調症」と呼ばれるのですね。

A：はい。私はまた、私たちが何かを求めても、最終的には何か違うものになってしまうので統合失調症と呼んでもいます。またそうなっていることを認めないことも統合失調症的です。非常に多くの学派が経済学は倫理を気にするべきではないと教えているからそうなってしまうのです。このような学派は「市場の見えざる手」を信じています。これは、個々人が自分の利益を追求すると、市場の見えざる手によって、ほかの人たちもその恩恵を必ず受けることができるという考えです。私たちはまた経済の暗黒面を知らずに、統合失調症的に物事から目を背けようとしてきました。すべての失業が個人の意思によるものだと考えられていた昔、大勢の人が路頭で迷っていたのに、私たちは目を背けていたのです。経済モデルのために、私たちにはそういった現実を感じることができなくなることもあったのです。

The Oedipus Complex of the Society

When the Father Figure Falls

🔊 33

Q: Also you refer to the relationship between economics and society as a kind of ❶**Oedipus complex**. Explain to me what this means in more detail.

A: So, Oedipus complex is that you want to kill the father. And this is one of the most famous ❷**Freudian** ideas. And it felt to me when the crisis came, the relationship of the society towards the economy, and especially to the bankers, is the subject who is supposed to know. So, and this is also something that we economists, I think, did do in the past. We were saying to the society, "We understand, don't worry, your money is safe." Or also, "You can play, we take care. We are the serious people, we are the ❸**father figure**, somebody who represents the system, somebody who doesn't, you know, smile, very serious, very much in control, very, very educated."

And also, when you want to build something, you have to come to me as a banker, like a small child. "Daddy, can I have money for my factory?" And I, as a father, will look at you and say, "Well, you've been not good," you know, or "You have been good, so I trust you, I believe you, I ❹**credit** you." And then, suddenly the ❺**collapse** comes in 2008, and the whole society discovers that the father is actually ❻**clueless**, that the father is, so to speak, ❼**castrated**, the father is dead. The father isn't the father. The ❽**guardian** isn't the guardian. The holder of the system does not really hold the system.

🗨 **Vocabulary**

❶ Oedipus complex：エディプスコンプレックス
☆男の子が無意識的に母親を愛し父親を敵視する、心理的葛藤。

❷ Freudian：（心理学）フロイト派の
❸ father figure：父親像
❹ credit：～を信用する

社会のエディプスコンプレックス

父親像が崩壊する時

Q：あなたはまた経済学と社会の関係を一種のエディプスコンプレックスだと言っていますね。このことをもっと詳しく説明していただけますか。

A：エディプスコンプレックスとは父親に対する殺意です。これはフロイト派の考えの中で最も有名なものの1つですね。私が感じたのは、危機的状況では、社会は経済を、特に銀行を、対処法を知っているはずの（父親のような）主体として捉えるということです。そして経済学者も、過去には経済や銀行と同じように捉えられていたと思います。私たちは（父親のように）社会に向かって「よしわかった、心配するな。お前のお金は安全だ」とか、「遊んでいていいよ。私たちが何とかするから。私たちはまじめな人間だ。私たちは父親像であり、システムを代表する存在であり、微笑みもしない非常にまじめな存在であり、事態をとてもよく掌握していて、高度な教育を受けているのだから」などと言っていたのです。

また、社会は何かを建築したい時にも、小さな子どものようにして、銀行に行かなければなりません。そして「お父さん、工場を作るお金をくれる？」と頼むのです。すると銀行は父親のように社会を見て、「お前はいい子じゃなかったからあげないよ」とか、「お前はいい子だったから、お前のことを信頼して、信じて、信用するよ」などと言うのです。そして2008年に突然の銀行破綻（リーマンショック）が起こり、社会全体が父親である銀行は実は無能で、いわば去勢されており、死んでいることを知りました。父だと思っていたのに父ではなかったことが、保護者だと思っていたのに保護者ではなかったことが、システムを支えていると思っていたのに実は支えていなかったことがわかったのです。

❺collapse：破綻
❻clueless：無能な、無知な
❼castrate：〜を去勢する

❽guardian：保護者、守護者

The Invisible Hand of Society

◀ 34

A: And the second thing, when it comes to the relationship of society and economics, is that I believe in the invisible hand. But I don't believe in the invisible hand of the markets. I believe in the invisible hand of the society, but not of the markets. So, for example, there have been times in my history where one part of the society helped the other. So, for example, in **❶the revolution in 1989**, art saved politics because politics was communist, and dead, and literally **❷going down the drain**. And there was a revolution that comes from artists, and that saved and changed and taught the body of politics to change. It was artists who were telling the politicians, "You must do something different."

Sometimes it's philosophers. Sometimes it happens that business saves art, they sponsor. Sometimes, when the society is too much businesslike, **❸ hippies** are born. So it's too serious, the society is too serious, and somewhere, the invisible hand of the society makes the new revolution of hippies that say, you know, "Free love and don't worry about anything." When the society is too **❹bureaucratic**, Kafka, **❺Franz Kafka** is born. So, in this way, I believe there is a **❻correction** mechanism. One part of the society connects the other. But when you close it up and you try to pretend—and this is what we've been very good at—that the only invisible hand is in economics, in one small part of society, then it makes it feel that we are somehow special in the society.

💬 Vocabulary

❶ the revolution in 1989：ここでは1989年の「東欧革命」を指している。 ☆東欧革命とは、東ヨーロッパの共産主義体制が次々と倒された民主化革命。

❷ go down the drain：だめになる、水泡に帰する ☆drainは「排水管」。

❸ hippie：ヒッピー

❹ bureaucratic：官僚的な

社会の見えざる手

A：私の二番目の主張は、社会と経済学の関係に関しては、見えざる手を信じるということです。しかし私は市場の見えざる手は信じません。私が信じるのは「社会の見えざる手」であって、市場の見えざる手ではないのです。歴史上、時として社会の一部分が別の部分を助けたことがありました。例えば、1989年の東欧革命では芸術が政治を救いました。当時の政治は共産主義で死んでおり、文字どおりだめになろうとしていました。そこに芸術家に端を発する革命が起こり、その革命が国家を救い、変え、指導することで、国家が変革したのです。政治家に「これまでとは異なることをしなければならないよ」と教えていたのは芸術家だったのです。

　時には革命を起こすのは哲学者です。時にはビジネス側がスポンサーになることで芸術を救うこともあります。時には、社会があまりにもビジネスライクになったら、ヒッピーが生まれます。社会がまじめになりすぎたら、どこかで社会の見えざる手が「フリーラブだ。何も心配するな」を旗印にしたヒッピーの新しい革命を生み出すのです。社会があまりにも官僚的になったら、フランツ・カフカのような作家が生まれます。このように修正メカニズムである社会の見えざる手があると私は思います。社会の一部がほかの一部とつながっているのです。しかしそのことを無視して、社会のほんの一部である経済学という分野の見えざる手しか存在しないふりをしたら——そして私たちはそうすることに非常に長けているのですが——私たちは自分たちのことを社会において特別な存在であると思い込んでしまいます。

Chapter 4　Tomáš Sedláček

❺**Franz Kafka**：フランツ・カフカ　☆現在のチェコ
共和国出身の作家。代表作は『変身』、『審判』、
『城』など。夢の中のような不条理な世界を描く作
風が特徴。

❻**correction**：修正

A Psychiatrist's Viewpoint

🔊 35

A: So what we did, in this book, **❶*Lilith and the Demons of Capital*** is—

Q: You **❷shed** new light.

A: Yeah. We tried to take a... Because normally a **❸psychiatrist** takes one person, puts it on the sofa, and asks him questions. So, we put the whole economy on the sofa, and we tried to talk about the **❹malaise** of illnesses. So, we listened very carefully. What does it hope for? What does it dream about, economics? What does it fear? What does it want to do?

So, for example, it wants to grow. Economics wants to. And every textbook will tell you more and more markets. It's in the nature of everything. What does it talk about? What does it **❺rationalize**? What does it not talk about? And we found, actually, very many, very many interesting malaises that are also in our society but also somehow reflected in the value of economics as well.

So, for example, this **❻unwillingness** to listen to other **❼corrective** hands, that's one disease, that sort of **❽misrepresentation** of reality. That we are **❾autistic** because we can only see things that have numbers. Which is OK, but if you do any **❿equation**, any solution that you get, I always say this is not the solution because you are only counting with things that you can count. Yeah? So, it's not a full, it's not a full answer. Because we all have values in our lives, and some of those values have money, have number.

💬 Vocabulary

❶ *Lilith and the Demons of Capital*：『続・善と悪の経済学　資本主義の精神分析』（トーマス・セドラチェク、オリヴァー・タンツァー著、東洋経済新報社刊）

❷ shed：（光）を当てる
❸ psychiatrist：精神科医
❹ malaise：不快感
❺ rationalize：〜を論理的に説明する

精神科医の視点

A：著作の『続・善と悪の経済学　資本主義の精神分析』の中で行ったことは……

Q：新たな観点を提示されましたね。

A：ええ。普通は精神科医は患者をソファに座らせて質問をします。ですから私たちは経済全体をソファに座らせて、病気がもたらす不快感について話を聞こうとしたのです。私たちは注意深く、経済学が何を望み、何を夢見て、何を恐れているか、何をしたいのかを聞きました。

　例えば経済学が成長したいと言うとします。あらゆる経済学の教科書はもっともっと市場を拡大するように答えるでしょう。当然のことですね。そこで私たちは経済学に耳を傾け、経済学が話してくれること、説明してくれること、触れずにいたいことを調べました。そしてわかったことは、社会には非常に多くの注目すべき不快感があり、経済学の（成長したいという）価値観にもその不快感が現れているということです。

　また前述の「修正する見えざる手」を無視したいということは1つの病気です。それだと現実をゆがめて伝えることになります。数字で表せる物事しか見ることができないのは自閉症的です。それでもいいのですが、方程式で導いた解決策は解決策にはなり得ないと私はいつも言っています。数字で表せるものしか考慮していないからです。満点の解決策にはなりません。私たちの生活のあらゆる価値を考慮すべきです。そしてお金や数字といったものはその価値の中の一部でしかないのです。

❻**unwillingness**：不本意、気が進まないこと
❼**corrective**：修正する、矯正する
❽**misrepresentation**：歪曲、ゆがめて伝えること
❾**autistic**：自閉症の

❿**equation**：方程式
⓫**partially**：部分的に　☆partialで「部分的な」。

For example, this jacket is valuable for me, and I could sell it for, I don't know, $30. So, it has value and a price. And then there is a value of friendship, which has much more value, of course, than this, but I cannot put a price on it. If I put it makes, it destroys the whole thing. So, I have, we all have sets of values. Some of them have numbers, some of them don't. And if you want to try to do mathematics on this only, the result will always be a little bit wrong because you can never put the values that don't have numbers into them. And this is, I think, the very sickness of economy, is that we cannot see fully. We only see things **⓫partially**, so we get partial results.

例えば私が着ているこのジャケットは私にとっては価値のあるものですが、それを30ドルで売ることができるかもしれません。ですから、このジャケットには価値と価格があるわけです。それから友情の価値というものがあり、それはこのジャケットの価値よりも、もちろんはるかに高いのですが、友情に価格をつけることはできません。もし価格をつけたらすべてが崩壊してしまいます。ですから私に、私たち全員に、価値体系があるわけです。その価値には数字で表せるものもあれば、表せないものもあります。そして数字で表せる価値だけで計算しようとすると、結果は常にちょっと間違ったものになります。計算に数字で表せない価値を組み込むことは決してできないからです。このように完全に経済を捉えることができないことこそ、経済の病理だと思います。部分的にしか物事を見ていないので、部分的な解決策しか得られないのです。

An Ideal Society

Fair Competition

◀ 36

Q: The last question is: What would the most ideal capitalism you can think of be like?

A: A most ideal capitalism would be like a product that you buy, but you're so happy with it that you don't complain of returning it back. And this is funny because I'm also now writing another book where I compare heavens. So, I take all sorts—Christian heaven, Jewish heaven, Islamic heaven, *Lord of the Rings* heaven... In *Matrix*, there is also a debate about perfect system. And in all our fantasy, we've never managed to create even a fantasy of a perfect heaven.

But to me, it would be a society where people want to play the game again. So, if you notice, at the beginning of every game it's fair. You know the game Monopoly? In the beginning everybody gets the same money and the same dice. Or when we play cards. In the beginning, it's fair. But as the game continues, more and more, one person wins.

But this is not just a feature of capitalism, this is also a feature of dancing. You know, we human beings like to compete. Even in skiing. Even in ice skiing. Even in painting, in music. Who's the best? Who sold the most? Who has the biggest ❶**fan base**? So, there is something. Leave two children in a room and they'll start competing in something. It has nothing to do with economics.

Q: It's ❷**human nature**.

A: It's human nature. And it's good. It makes us better. It makes us... ❸**Iron sharpens iron**.

🗨 Vocabulary

❶ fan base：ファン層
❷ human nature：人間性、人間の本性

❸ Iron sharpens iron.：切磋琢磨する。　☆直訳
だと「鉄は鉄を研ぐ」。

理想的な社会とは

フェアな競争

Q：最後の質問となります。考えられ得る最も理想的な資本主義とはどのようなものでしょうか。

A：最も理想的な資本主義とは、購入して、とても気に入り、苦情を言ったり返品したりしない製品のようなものでしょう。おかしな話ですが、私は今、天国を比較する本を執筆中です。キリスト教の天国、ユダヤ教の天国、イスラム教の天国、小説『指輪物語』の天国など、さまざまな天国を取り上げます。また映画『マトリックス』では完ぺきなシステムについての論争がありますね。あらゆる空想の世界で、私たちはこれまでに完ぺきな天国を、空想上ですら作れていないのです。

　私が思うに、最も理想的な資本主義とは、人々がもう一度ゲームをしたいと思うような社会でしょう。気をつけてみると、あらゆるゲームは最初はフェアです。モノポリーというゲームをご存じですか。最初は、誰もが同じ額のお金と同じサイコロを手にします。トランプをする時も最初はフェアです。しかしゲームがだんだんと進んでいくと、1人の人物が勝つようになっていきます。

　しかしこのことは資本主義だけでなく、ダンスの特徴でもあります。人間は競うのが好きなのです。スキーでも、アイススキーでも、絵画でも、音楽でも競います。誰が一番か、誰が一番売ったか、誰に一番ファン層がついているかと、何かしら競争します。子ども2人を部屋に入れておいたら、何かしら競争を始めます。これは経済学とは何ら関係ありません。

Q：人間の本性ですね。

A：はい、人間の本性です。そしてそれはいいことです。それで私たちは向上しますから。切磋琢磨するということですね。

Do the Job You Like

🔊 37

A: An ideal society would be people working the jobs that they like, that they find **❶purpose** in, and a society... And I think the society is becoming more and more possible. If you un-imagine the money, would you still do the work that you do? Just imagine that you're a **❷billionaire**. And I think, what I've read about you, you would be doing the same. You would be still probably... and me, too. I would be still doing the same. And there's many, many people... it's like artists, or philosophers, or thinkers.

So my image of the society is actually very similar to **❸Keynesian**, is that one day the society will be so **❹affluent** and will be so technologically advanced that we will be able to finally do the things that we were meant to do as human beings, which is not worry about our **❺sustenance**. And I think **❻John Maynard Keynes** has this image in **❼the grand possibilities of our grandchildren**, this should come in 12 years. We should have this. And you can already see today that there are parts of the society that no longer... that work, they work hard, but they do something that's already **❽in line with** their **❾calling**.

🗨 Vocabulary

❶ purpose：生きがい
❷ billionaire：億万長者
❸ Keynesian：ケインズ学派の
❹ affluent：裕福な
❺ sustenance：生計、生活の維持
❻ John Maynard Keynes：ジョン・メイナード・ケインズ ☆イギリスの経済学者。マクロ経済学を確立させた。
❼ the grand possibilities of our grandchildren：ケインズの論文 *Economic Possibilities for our Grandchildren* を指している。 ☆In Detailを参照。
❽ in line with ~：~と合致して
❾ calling：天職

114

自分が望む仕事をする

A：理想的な社会とは、人々が自分が望み、生きがいを見出すことができる仕事をしている社会でしょう。そしてそのような社会はますます実現可能になっていると思います。お金のことを考えなくていいなら、あなたは今の仕事を続けますか。自分が億万長者だったらどうか想像してみてください。あなたの仕事は本を読んで知っていますが、あなただったら今の仕事をおそらく続けるでしょう。私も同じです。私も今の仕事を続けるでしょう。そして大勢の芸術家、哲学者、思想家といった人たちが今の仕事を続けるでしょう。

　ですから私が持つ社会のイメージは、実は、ケインズ学派のものと非常によく似ているのです。それは、いつの日にか社会がとても豊かになり、テクノロジー面でもとても発達するので、私たちはついに生計を立てることを心配せずに、人間としてやらなければならないことができるようになる、というものです。ジョン・メイナード・ケインズは彼の論文『孫たちの経済的可能性』で、このような社会のイメージについて述べています。論文によると、このような社会がやって来るのはこれから12年後（の2030年）です。これが私たちが持つべき社会です。そしてすでに今日でも、社会の一部では、自分の天職と合致している仕事を頑張ってやっている人たちを目にすることができるのです。

＼ **In Detail** ／

Economic Possibilities for our Grandchildren：『孫たちの経済的可能性』

　ケインズが大恐慌時代の1930年に書いた論文。これまでどおりのペースで経済成長が続くと、1930年から100年たった2030年には、先進国の生活水準は1930年時点の4〜8倍の高さになり、人々は1日に3時間程度の労働で十分生活できるようになっていると考えられる。経済の心配をしなくてよくなったその時こそ、人は本当の生き方とは何かを問われるだろう、という内容。

115

　トーマス・セドラチェク氏は経済学者であるが、いわゆる経済学者とは言い難いほど、彼の見方は標準から大きく離れている。経済学者と言うよりも、むしろ経済学批判論者と言ったほうが正しいかもしれない。

　氏が上梓した『善と悪の経済学』は、まず母国のチェコ共和国でベストセラーになり、その後21の言語に翻訳されて瞬く間に世界の耳目を集めた。またその後、『続・善と悪の経済学　資本主義の精神分析』をジャーナリストのオリヴァー・タンツァーと共著で出している。

　今、資本主義は格差の根源であると批判の的にされている。しかしセドラチェク氏は、問題の起源は資本主義というシステムではなく、人間の本性にあるとし、精神を無視した経済学の欠陥が問題を引き起こしていると指摘した。そして数字や数学に重点を置いている限り、経済学は机上の空論にすぎないと論じている。私はこういう考え方に接したのは初めてだったので、非常に新鮮に感じた。もともと私は経済学が数字だけで物事を説明できるとは思っていなかったが、氏はそれをみごとに証明したと言える。

　またセドラチェク氏は、資本主義は共産主義化していると言い、「ヨーロッパでは誰もが同じヘルス・ケアを受ける。裕福な人も貧しい人も関係ない」と具体例を挙げている。そう考えると、ポスト資本主義や資本主義の終焉というものはなく、資本主義が変貌していくのかもしれない。

　氏はチェコ共和国の学者で、英語は彼にとって外国語となる。少し早口だが、ネイティブとまったく変わらない表現力があり、外国語もここまで習得できるという最高の例となるだろう。皆さんの英語習得の目標となるのではないだろうか。

☐ **pundit**
専門家、有識者

☐ **define**
～を定義する

☐ **health care**
健康保険（制度）

☐ **property**
所有物

☐ **institution**
（社会）制度

☐ **saying**
重要な発言

☐ **disciple**
弟子

☐ **convincingly**
納得のいくように、説得力を持って

☐ **massacre**
～を虐殺する

☐ **drive**
推進力、原動力

☐ **inbuilt**
生得の、持って生まれた

☐ **negotiating power**
交渉力

☐ **cheat**
～をだます

☐ **voluntary**
自発的な

☐ **credit**
～を信用する

☐ **clueless**
無能な、無知な

☐ **guardian**
保護者、守護者

☐ **go down the drain**
だめになる、水泡に帰する

☐ **correction**
修正

☐ **shed**
（光）を当てる

☐ **psychiatrist**
精神科医

☐ **malaise**
不快感

☐ **rationalize**
～を論理的に説明する

☐ **misrepresentation**
歪曲、ゆがめて伝えること

☐ **equation**
方程式

☐ **human nature**
人間性、人間の本性

☐ **affluent**
裕福な

☐ **sustenance**
生計、生活の維持

☐ **in line with ～**
～と合致して

☐ **calling**
天職

Chapter 5

Tyler Cowen

Profile

タイラー・コーエン　経済学者
1962年に米国ニュージャージー州に生まれる。ハーバード大学で博士号を取得。現在はジョージ・メイソン大学経済学部教授であるとともに、同大学の研究機関であるマーケイタス・センターの所長を務めている。
また『ニューヨークタイムズ』や『ブルームバーグ・オピニオン』での連載コラムや、『ニューズウィーク』、『フォーブス』、『ウォール・ストリート・ジャーナル』をはじめとする数多くの媒体への寄稿など、執筆活動も盛ん。食通としても知られており、ワシントンDCのグルメガイドを『ワシントン・ポスト』に寄稿したこともある。
おもな著書は『大停滞』、『大格差　機械の知能は仕事と所得をどう変えるか』、『大分断　格差と停滞を生んだ「現状満足階級」の実像』（以上、NTT出版）など多数。

"People are underestimating the chances there will be future big changes in Japan."

人々は日本に今後大きな変化が起こる可能性を
低く見積もっています。

　インタビューの話題は、AIが人間の労働に与える影響から始まる。コーエン氏の考えは、テクノロジーを使いこなせる人は非常に豊かになる一方、そうでない人はこれまでのような右肩上がりの生活は享受できずに、停滞した生活を送ることになるというものだ。そして私たちに必要となるのは、AI時代に適応するための新しい思考・心理モデルだと言う。

　コーエン氏は日本の問題点についても触れてくれた。彼によると一番の問題は少子化であり、それがイノベーションの誕生を阻害していると語る。しかし氏は日本の将来については非常に楽観的である。なぜなら日本には迅速に大きな変革を遂げる力があると考えているからだ。

　さらに氏は、資本主義に代わるシステムはないと言い、ポスト資本主義の台頭を否定する。また、ポピュリズムが台頭する現在の民主主義に対する危機感も語ってくれた。

AI and Human Labor

We Need New Skills

🔊 38

Q: Kazumoto Ohno   **A:** Tyler Cowen

Q: The first question is, it's a very general question. People say that artificial intelligence, AI, will replace a lot of human labor, which will cause unemployment. How would you view AI in general?

A: Artificial intelligence creates a lot of new jobs, but it also ❶**does away with** old jobs. So at a ❷**law firm**, for instance, people use artificial intelligence to search for information about ❸**law cases**, so you employ fewer people who used to do that search by hand in libraries. I wouldn't say that artificial intelligence destroys jobs ❹**on net** because it produces more wealth, it creates new opportunities, but it changes the skills you need to have a job, so you need to have greater understanding of ❺**tech**. And this can increase ❻**income** ❼**inequality** because only a ❽**relatively** small percentage of people really can work well with technology.

The danger is you have a future where the unskilled people, they just have ❾**service sector** jobs. They take care of the elderly, they walk dogs, they are at the cash register at 7-Eleven. They will earn some pay but not really have great futures. That, to me, is the danger, not mass unemployment.

💬 **Vocabulary**

❶ **do away with ~**：~を終わりにする、排除する
❷ **law firm**：法律事務所
❸ **law case**：判例
❹ **on net**：最終結果として
❺ **tech (= technology)**：テクノロジー

❻ **income**：所得、収入
❼ **inequality**：不平等
❽ **relatively**：比較的
❾ **service sector**：In Detailを参照。

AIと人間の労働

新しいスキルが必要

Q：大野和基　　**A**：タイラー・コーエン

Q：最初の質問はとても一般的なものです。人工知能、つまりAIが多くの人間の労働に取って代わり、それが失業を引き起こすと言われています。あなたはAIについて全般的にどうお考えですか。

A：AIは多くの新しい仕事を創出しますが、同時に古いタイプの仕事をなくします。例えば法律事務所では判例に関する情報を探すのにAIを用いていますが、それによって、かつてのように図書館で手作業で資料探しをさせるために雇用する人員は減らすことができます。私はAIが最終的には仕事をなくすとは思いません。AIがより多くの富を生み、新しい機会を創出するからです。ですが、AIによって仕事を得るために必要なスキルは変わるでしょう。テクノロジーをより深く理解していないといけなくなります。そして比較的少数の人しかテクノロジーを使いこなして働けないので、収入の不平等が拡大するかもしれません。

　危険なことは、スキルのない人はサービス業にしか就けない未来になることです。老人の介護をしたり、犬を散歩をさせたり、コンビニのレジで働いたりする仕事です。いくらか賃金はもらえますが、あまり明るい未来は持てません。私は、大量失業ではなくて、そのことが危険だと思うのです。

\ **In Detail** /

service sector：サービス部門

　sector は経済やビジネスにおける「部門、分野」を指す。service sector なら「サービス部門」、manufacturing sector なら「製造部門」、financial sector なら「金融部門」ということ。また public sector「（政府が管理する）公共部門」、private sector「（政府が関与しない）民間部門」といった使い方もできる。

A Sizable Minority Gets Richer

◀ 39

Q: So, if and when we reach a stage where machines replace all human labor, we will see two social classes, as you said: I mean, one being those who will be ❶ **eking out** a living only with social benefits, or with very low wages, and the other being ❷ **capitalists** who own machines and wealth.

A: But not just capitalists. If you're a ❸ **laborer** and you're good at working with machines in some way, you can earn a very high income. If you're in the top 10 or 15 percent of America, Japan, you have a good job in Tokyo, you're doing very well. And that's a lot of people. It's not just 1 percent, like you sometimes see. I think it's well under half the country.

But I think both of our countries, there will be a future where there is a ❹ **sizable** ❺ **minority**, like richer than ever before, and then a lot of people, they're not ❻ **starving**, but they're just, kind of have a ❼ **flat** ❽ **existence**, ❾ **getting by**. They will enjoy new technology. In many ways, their lives will be quite happy. But it will not feel like the old model of progress where each generation, people have twice the incomes of their parents, say—what Japan earlier had, what America earlier had. I think that's gone.

💬 **Vocabulary**

❶ eke out ~：(生計) を立てる　　❹ sizable (=sizeable)：相当な数 [量] の
❷ capitalist：資本家　　　　　　❺ minority：少数派、少数集団
❸ laborer：労働者　　　　　　　❻ starve：飢える

相当数の少数派がより豊かに

Q：もし機械がすべての人間の労働に取って代わる段階が来た時には、2つの社会階級ができるということですか。おっしゃったように、1つの階級では人々が社会保障のみか非常に低い賃金で生計を立てて、もう1つの階級では人々が機械と富を所有する資本家になっているという。

A：資本家だけではありません。労働者であっても、機械を使うことに長けていたら、ある意味、とても高い収入を得ることができます。もしアメリカや日本で自分の収入が上位10〜15パーセントに入っていたら、東京でいい仕事に就いていたら、とてもよい生活をしていることになります。この10〜15パーセントは大勢の人を意味します。時に見かける上位1パーセントの人だけではありません。全国民の半数をかなり下回るくらいの割合だと思いますよ。

　しかし日本の未来もアメリカの未来も、相当数の少数派がかつてないほど豊かになる一方で、多くの人が飢えることはなくても何とか生きていける単調な生活を送っているようなものになると思います。そうした人たちも新しいテクノロジーを享受し、多くの点でかなり楽しい生活を送るでしょう。しかし各世代が親の世代の2倍の収入を得るという、進歩の古典的なモデルは感じられないでしょう。日本がかつて経験した進歩は、アメリカがかつて経験した進歩は、もう経験することはないと思います。

Chapter 5　Tyler Cowen

❼flat：単調な
❽existence：生活（状況）
❾get by：何とか生活していく

How Will AI Change Our Lives?

The Benefits of AI

🔊 40

Q: Do you think we will reach a stage where most of the human labor will be replaced by AI eventually?

A: AI is somewhat of a **❶tricky** term because artificial intelligence, it's not like a single thing. It's a series of different capabilities, and everyone means something a little different by it. But I would say this. If you look at a growing economy, over any 50-year period, most of the jobs disappear and they're replaced by very different jobs, or a 100-year period. It may or may not be AI, but there's a complete **❷turnover** in what jobs people do.

Q: So, there won't be any situation where there might be no buyers those who are very rich will sell their products to?

A: I don't worry so much about that problem because if AI or machines are a cheaper way to make things, then the prices fall and people can afford to buy it. So, I'm not necessarily an **❸optimist** about income growth for people in the middle, but the idea that just goods **❹pile up** in **❺warehouses** and no one can buy them, I think that's wrong. Supply and demand will **❻ equilibrate** these markets. And the things that AI does today, like my smartphone, it's full of AI. It's amazing. You go to Africa, how many poor people have these. I mean, the price falls. So, things will be sold. **❼I'm convinced of** that, **❽if nothing else.**

💬 **Vocabulary**

❶ tricky：微妙な
❷ turnover：入れ替え

❸ optimist：楽観主義者
❹ pile up：山積みになる

AIはわれわれの生活をいかに変えるか

AIの利点

Q：あなたは最終的には、ほとんどの人間の労働がAIに取って代わられる段階に達すると思いますか。

A：AIとはいささか微妙な言葉です。なぜなら人工知能とは単一の存在ではなく、異なる能力の連続体を指すからです。また各人が少しずつ違った意味でAIという言葉を使っていますし。しかし次のことは言えるでしょう。成長する経済においては、どの50年、あるいは100年という期間を切り取ってみても、その間にほとんどの職業が消滅し、まったく異なる職業に取って代わられます。取って代わるのはAIかもしれないし、AIではないかもしれませんが、人々が就く職業は完全に入れ替わるものです。

Q：（AIのせいで人々の仕事がなくなって消費意欲が弱くなるので）とても裕福な人々が製品を売る相手がいなくなるような状況は起こらないというわけですか。

A：その問題についてはあまり心配していません。AIや機械でものをより安く製造できたら、価格が下がり、人々が買えるようになるからです。私は中間層の人々の所得の伸びには必ずしも楽観的ではありませんが、倉庫には商品が山積みになっているのに誰も買うことができないことになるという考えは間違っていると思います。需要と供給が市場の平衡を保つでしょう。そして今日AIがしていることは、私のスマートフォンはAIの技術が満載されていますが、素晴らしいものです。アフリカに行けば貧しい人たちのどのくらいがスマートフォンを持っていると思いますか。スマートフォンの価格が下がれば、それらが売れるようになるのです。私は少なくともそのことは確信しています。

❺warehouse：倉庫
❻equilibrate：〜の平衡を保つ
❼be convinced of 〜：〜を確信している
❽if nothing else：他のことはともかく、少なくとも

People Need Psychological Adaptation

🔊 41

Q: So, you are not saying the **❶digital economy** will make people unhappy?

A: I think people will be happier than it looks, but it will not feel like what we used to think of as success. The world will feel strange, and a lot of people will be maybe **❷psychologically** **❸discontent** because they will not have **❹forward momentum**. We will need a whole new set of mental and psychological models to deal with this world. That's how I view it. I'm not sure we will get them quickly enough.

Q: So, those who will be very low paid will be **❺complacent** about the situation?

A: Some will be complacent. Some might **❻rebel**. But imagine you're at a young age, you're 11 years old, they give you a bunch of tests, and AI tells you, well, here's how well you're gonna do in life. There's something very **❼discouraging** or **❽oppressive** about this, especially if the machines are right most of the time.

And that gets back to this: Psychologically how will people deal with it? I think some people will deal just fine. They'll be like, "OK. That's my deal. I'll sign." Other people will be in **❾denial**, or be **❿hostile**, or rebel against the system—maybe sometimes in creative or productive ways. But again, I think it gets back to this human psychology. Knowing your **⓫fate** **⓬in advance** is not always easy.

💬 Vocabulary

❶ digital economy：デジタル・エコノミー　☆コンピ
ューターのテクノロジーによって生み出される経済の
こと。

❷ psychologically：心理的に

❸ discontent：不満を抱いて

❹ forward momentum：前に進もうとする勢い

❺ complacent：現状満足した、自己満足した

❻ rebel：反抗する

人々は心理的適応が必要

Q：それではデジタル・エコノミーは人を不幸にしないとおっしゃっているわけですね。

A：人々は見た目よりは幸せになるだろうと思います。ですが、それはかつて私たちが成功だと考えていたものとは違う感じがするでしょう。世界が違和感に満ち、前に進もうとする勢いがないので多くの人は心理的に不満を抱くかもしれません。この（デジタル・エコノミーの）世界に対応するためには、まったく新しい思考・心理モデルが必要になると思います。私はそのように考えています。そのような思考・心理モデルを新しい世界に間に合うように持てるかどうかはわかりませんが。

Q：それでは非常に低賃金の人も、デジタル・エコノミーの状況に現状満足するのでしょうか。

A：現状満足する人もいれば、反抗する人もいるでしょうね。あなたが11歳の子どもで、AIが与えるたくさんのテストを受けるところを想像してみてください。そしてその結果から、あなたが人生でどのくらい成功するかをAIが判断するとします。こうしたことには非常にやる気をそいだり耐え難い気分にさせたりする側面があります。特にAIが下す判断がほぼすべて正しい場合はそうなります。

　そこで先ほどの、人々はAIが下す判断に心理的にどのように対応するのか、という話に戻るわけです。中には「わかりました。私はそれでいいです。署名しましょう」という具合に、問題なく対応できる人もいると思います。またシステムに否定的で、敵意を持って、反抗する人もいるでしょう。その際はクリエイティブあるいは生産的な方法でシステムに対峙することもあるかもしれません。しかし繰り返しますが、これは人間の心理面の話なのです。前もって自分の運命を知ることはつらいことでもありますからね。

❼discouraging：やる気をそぐ
❽oppressive：過酷な、耐え難い
❾denial：否定
❿hostile：敵意［反感］を持った

⓫fate：運命
⓬in advance：前もって、あらかじめ

The Lives of the Middle Class

Moving Production Bases Abroad

◀ 42

Q: You wrote in **❶one of your books** that one of the factors which led to the increase in productivity in the U.S. is that they held down **❷labor costs** by moving production bases abroad. What would be the consequences, short-term and long-term, from this?

A: Well, it's great for most other countries, right?—the Philippines, India. It's a wonderful development. Overall it's good for the world. But if you're a middle-class worker in the United States, or even if you're a programmer, your wage gains will be lower than otherwise would have been the case. So, it's not in every way good for the American middle class.

Q: So, what would be your policy if you were in the government?

A: You can't stop it. My policy would be hope for the best. You cannot put on **❸capital outflows** on the U.S. The dollar is **❹reserve currency**. New York is the world's No. 1 financial center. The U.S. is a global power. You need open **❺capital flows**. It's not really a choice. So, let's hope that better middle-class jobs are created by some new technologies.

💬 Vocabulary

❶ one of your books：『大格差　機械の知能は仕事と所得をどう変えるか』（タイラー・コーエン著、NTT出版刊）
❷ labor costs：人件費
❸ capital outflow：資本流出
❹ reserve currency：In Detailを参照。
❺ capital flow：資本の流れ、資本移動

中間層の生活

生産拠点の海外への移動

Q：ご著作の1冊（『大格差』）で、米国の生産性が上がった要因の1つは、生産拠点を海外に移動することによって人件費を下げたことであると書かれていますね。このことがもたらす短期的および長期的な影響はどのようなものでしょうか。

A：生産拠点の海外への移動は、フィリピンやインドといった米国以外のほとんどの国にとってはとてもいいことです。素晴らしい発展を導きますから。全体的に言って、世界にとってはよいことです。しかし米国の中間層にとっては、たとえプログラマーであっても、賃金の上昇率は移転しなかった場合よりも低くなるでしょう。ですから生産拠点の海外への移動は、アメリカの中間層にとっては、いいことだけではないのです。

Q：それでは、もしあなたが政府にいたら、（生産拠点の海外への移動について）どのような政策を取るでしょうか。

A：移動は止められません。私の政策は「最善の結果を期待すること」になるでしょうね。米国からの資本流出を止めることはできません。ドルは準備通貨ですから。ニューヨークは世界一の金融センターですし、米国の力は世界規模です。そのため開かれた資本移動が必然となります。選択の余地はありません。ですから新しいテクノロジーによって、よりよい中間層の仕事が創出されることを祈りましょう。

╲ **In Detail** ╱

reserve currency：準備通貨
　「準備通貨」とは各国の政府や中央銀行が海外支払いのために準備している外国通貨を指す。準備通貨として最も高い比率を占めているのが米ドルで、2番目はユーロ。例えば2019年時点では米ドルが全体の60〜65パーセントを、ユーロが20パーセント前後を占めている。

Loneliness and Flat Wages

🔊 43

Q: You just mentioned the middle class. What would be the factors, economic, social, political, which may have ❶**contributed** to the fall of the white middle class? Would this downfall of the middle class continue to be occurring?

A: Some of it is just loneliness. Household size is smaller. People are more on their own. A lot of elderly people. Or younger people. They marry later, they go to church less, there's less ❷**community**. They're more likely to live in ❸**anonymous** cities. And I think the ❹**struggles** of the middle class are much harder when you're lonely and not in it together with a group of other people the way it would have been the case in earlier generations. So, some of it's material but, again, a lot of it is psychological or ❺**institutional**. I think in the long run psychologies will adjust, communities will ❻**reemerge**. But it will take quite a while.

Q: How about in terms of income? Do you have any idea on how to narrow the gap between the top and the middle class?

A: Well, it's hard. You know, I believe in a ❼**welfare state** for poor people to ❽**supplement** their incomes. But you can't just send more and more welfare to the middle class. I mean, that... It's just too many people to ❾**afford** it. So, you know, wages in this country for the middle class, they are quite flat, but they're not falling. So, people have to learn, and get by, and adjust their ❿**expectations** somewhat. I mean, the same in Japan. You have many classes of workers. Their jobs are fine. They're just not really gaining a lot each year. Uh, their lives can still be very, very good. Often they are. But not everyone ⓫**makes a good deal out of** this.

💬 Vocabulary

❶ **contribute**：一因となる
❷ **community**：共同体意識、一体感
❸ **anonymous**：匿名の

❹ **struggle**：苦労、もがくこと
❺ **institutional**：制度上の
❻ **reemerge**：再び現れる

孤独と横ばいの賃金

Q：今、中間層について触れられましたが、経済、社会、政治上の要因のうち、どれが白人の中間層の凋落の一因となったのでしょうか。またこの中間層の凋落は続くのでしょうか。

A：一因としては「孤独」があります。世帯規模は小さくなりました。人々は1人でいることが多くなりました。高齢者が増えています。また若者は晩婚になり、教会に行く回数も減って、共同体意識が減少しています。若者は匿名性の高い都市に住む傾向があります。そして中間層の苦悩は、孤独を感じていて、他者と触れ合うグループに属していない人たちにとっては、はるかにつらいものとなります。前世代の人たちは何かしらのグループに属していたものでしたが。ですから中間層の凋落の原因は、物質面のこともありますが、大部分が心理的なものや制度的なものなのです。長期的に見れば人々は心理的に適応し、コミュニティーも再来すると思います。でもそれにはかなり時間がかかるでしょう。

Q：収入についてはどうでしょう。トップの富裕層と中間層の間のギャップを狭める方法について、なにかアイデアはありますか。

A：難しいですね。私は貧困層の収入を補う社会保障制度は有効であると思っています。しかし中間層に対しては給付金を増やし続けるわけにはいきません。給付金を与えるには人数が多過ぎるからです。米国の中間層の賃金はかなり横ばい状態ですが、減少はしていません。ですから人々は現状でなんとか生活していくやり方を学び、人生に対する期待をある程度は妥協するようにしないといけません。日本でも同じですよね。日本にはさまざまな労働者の階級が存在しますが、仕事は悪くありません。毎年収入が大幅に増えることはありませんが、それでもとてもよい生活を送ることができるでしょう。たいていの場合、いい生活をしていますよね。しかし、みんながそういった現実を重要視しているわけではありません。

Chapter 5　Tyler Cowen

❼**welfare state**：社会保障制度
❽**supplement**：〜を補う
❾**afford**：〜を与える

❿**expectations**：（通常複数形で）期待
⓫**make a good[big] deal out of ~**：〜のことで大騒ぎする、〜を重要視する

131

Japan Can Get Better

The Shrinking Population

🔊 44

Q: Let's talk about Japan. Japan seems to be the only country among the advanced nations which has seen almost no growth of productivity. Japan seems to be likely to be overtaken by Germany in GDP. How would you see the causes of Japan's great **❶stagnation**?

A: Well, keep in mind if you look at **❷per capita** productivity growth Japan does much better than if you look at **❸absolute measures**. So, I'm not so **❹pessimistic** about Japan. But you have had slow growth. And I think the **❺shrinking** population is a major reason behind that. And it's harder to innovate with fewer people. And the market size is smaller. And the general **❻mentality** in society is one of going backwards and **❼retrenchment**.

So, as you know, there's now more immigration to Japan. I hope this works well. I'm not an expert on how it is going. It's very hard to learn the Japanese language compared to English, so I think it's harder to make it work. People from Thailand, the Philippines. But maybe there exists a possible future where this makes Japan more dynamic in some way. Japan has always come back from many situations. This is hardly the worst one it has faced. So, I think Japan will manage.

💬 **Vocabulary**

❶ stagnation：景気停滞
❷ per capita：1人当たりの

❸ absolute measure：絶対尺度　☆純粋に、あるものの数値のみを対象とし、他のものとの比較などは行わない。

日本はもっとよくなれる

減少している人口

Q：日本について話しましょう。日本は先進国の中で唯一の、労働生産性がほとんど上がっていない国のようです。日本はGDP（国内総生産）においてドイツに抜かれそうです。日本の深刻な景気停滞の原因は何だと思われますか。

A：日本の1人当たりの生産性の伸びは、（国全体の生産性の伸びを表す）絶対尺度の数値よりもずっといいことに留意してください。ですから私は日本に対してあまり悲観的ではありません。しかし日本は生産性が伸びるのに時間がかかっています。その主因は減少している人口にあると考えます。人口が少なかったらイノベーションを起こすことが難しくなります。市場規模も小さくなります。そして社会全体の考え方が、後ろ向きで節約志向のものになります。

　ご存じのように、今や（2018年に成立した改正出入国管理法によって）日本への移民が増えています。うまくいくといいのですが。私は日本の移民政策のことは熟知していませんが、英語と比べて日本語を学ぶのはとても難しいので、うまくいくようにするのは大変だろうと思います。タイやフィリピン出身の人に日本語を教えないといけませんから。しかし移民によって、日本がある意味もっと活性化する未来も可能になるかもしれません。日本はいつもさまざまな苦難から立ち直ってきました。現在日本が直面している課題はこれまでで最も困難なものではありませんよね。ですから私は、日本ならやっていけると思うのです。

❹**pessimistic**：悲観的な　　　　　　❻**mentality**：考え方
❺**shrinking**：減少する　　　　　　　❼**retrenchment**：節約、（費用などの）削減

Children Are the Remedy

🔊 45

Q: It used to be that Japan was dominating the world with manufacturing industry. But now Japan has lost to China and South Korea. What would have caused it?

A: Japanese wages became higher and then foreign competition had an ❶ **entry point**. But I think also something in the Japanese ❷ **psyche**. It seems Japan does not ❸ **generate** top performing companies at the rate it used to. So, who's the new Toyota, the new Sony? I don't know. It's not obvious. And I don't know why that change happened, but I would think that's another thing to look at.

And your age structure is very old. And that's another problem. A lot of innovative people are in their 20s or even teenagers. And Japan is one of the oldest countries in the world.

It seems to me when you have countries where the number of children is small, it's a combination of the woman is expected to raise the children almost on her own and there's not a lot of living space. And when these two things come together, usually one sees lower birth rates. And Japan has those. I don't know if that can be fixed. But just to have more children in Japan I would think would be the No. 1 ❹ **remedy** for many problems. We know the technology, but people are not quite willing.

💬 Vocabulary

❶ entry point：入口、エントリーポイント
❷ psyche：精神
❸ generate：～を生み出す
❹ remedy：解決策、治療

子どもが解決策に

Q：日本はかつて製造業で世界を席巻していましたが、今ではその分野で中国や韓国に負けています。原因は何でしょうか。

A：日本人の賃金が上昇し、（海外への生産拠点の移動のため）国際競争が始まったからです。しかし私は日本人の精神性も関係していると思います。近年の日本はかつてほどのペースでは最高のパフォーマンスを発揮する企業を生み出していません。どの企業が次のトヨタやソニーになるのかわからないのです。はっきりしません。どうしてそうなったのかはわかりませんが、そのことも製造業の衰退の原因として考えてみるべきだと思います。

　さらに日本の年齢構成は非常に高齢化しており、それも問題の1つとなっています。イノベーティブな人材の多くが20代、もしくは10代ということもあるのに、日本は世界で最も高齢化が進んでいる国の1つなのです。

　国の少子化の原因は、女性がほぼ1人で子育てをすることを求められることと、生活空間があまり広くないことが組み合わさったものだと私には思えます。これら2つの問題が合わさると、通常は出生率が下がります。日本はこれらの問題を抱えていますよね。このことが改善されるかわかりませんが、日本の子どもの数が増えることが、多くの問題に対する一番の解決策になるだろうと私は思います。どうしたらいいかはわかっていても、人々は子ども持つことを望んでいないのですね。

Japan Can Change Quickly

🔊 46

Q: So, Japan might never become what it used to be?

A: Never is a strong word, but not soon. But again, Japan has changed so many times. So, if you read **❶accounts** of Japan, say, in 1900, people describe it as a very **❷disorderly** place where there's not always a lot of cooperation, there's bad **❸labor-management relations**. And that's so different from the Japan of, say, 1970 or 1980. So, Japan seems capable of enormous cultural changes, very quickly opening up to the West, the whole **❹trajectory** of the 20th century. And I don't understand this. I don't see **❺comparably** rapid cultural changes in other countries, and I don't know why Japan has this so much. I do feel that I'm not able to predict the next change. But it seems to me people are **❻underestimating** the chance there will be future big changes in Japan, and when they come they will come quite suddenly. And I would **❼stress** that point while very gladly admitting I cannot predict it at all.

Q: So, you're sort of, in a way, very optimistic about the future of Japan.

A: I am. I mean, the change could be bad. I think it's more likely it will be good. But say you were in Japan the year before Perry comes and you're trying to predict the future. How much would you see? Right? You would be blind. And maybe that's us right now.

💬 Vocabulary

❶ account：記事、記述
❷ disorderly：無秩序の、混乱した
❸ labor-management relations：労使関係
❹ trajectory：足跡、進展

日本は急速に変化できる

Q：日本はかつての繁栄した日本にはもう決して戻れないのでしょうか。

A：「決して」ということはないでしょうが、時間はかかるでしょう。日本は何度も何度も変革してきました。例えば1900年に書かれた日本についての記述を読むと、日本はとても無秩序な国で、協力はあまり見られず、労使関係も悪いと書かれているでしょう。それは例えば1970年や1980年の日本とはあまりに違いますよね。ですから日本は非常に大きな文化的変化を遂げることができるように私には思えるのです。とても迅速な西洋諸国への開国や、20世紀に歩んだ道もそうですよね。なぜかはわかりませんが、日本と同程度の迅速な文化的変化は他国では見られません。そしてなぜ日本はこのように変化できるのかわかりません。私には次の変化を予測できません。しかし日本人は自国に今後大きな変化が起こる可能性を低く見積もっているように思えます。そして変化はある日突然やって来るでしょう。私には変化を予測できないことは素直に認めますが、ここで述べた点は強調しておきたいと思います。

Q：あなたはある意味、日本の将来に対してとても楽観的ですね。

A：楽観的ですよ。日本に起こる変化は悪いものかもしれませんが、私はいい変化である可能性のほうが高いと思います。例えば、あなたがペリーが来航する1年前の日本で、将来を予測しようとしていたとします。どのくらい将来のことがわかりますか。わからないでしょう。それが私たちの現状なのかもしれません。

❺comparably：同程度に

❻underestimate：〜を低く見積る

❼stress：〜を強調する

No Alternative to Capitalism

◀ 47

Q: People these days say that, you know, capitalism might be coming to a ❶**dead end** anytime soon.

A: There's no alternative. More countries are trying to be capitalistic than ever before.

Q: ❷**Post-capitalism** has sort of become a ❸**buzzword** these days.

A: Go to Africa. Ask people in Africa, "What do you want?" They want successful companies and good jobs. I mean, that's it. So, I don't think there is post-capitalism. I agree our capitalism has been ❹**mediocre** in some ways lately, but we need more of it, and we need it to be more capitalistic. People in Nigeria, they know this. You tell them post-capitalist, they look at you like you're crazy. They're like, "We want money. We want jobs." That's, like, smarter than what Western intellectuals have to say.

Q: So for now there have been no better economic systems than capitalism?

A: Correct, for now. I hesitate to talk about the distant future, but I think for a long time.

🗨 Vocabulary

❶ **dead end**：行き詰まり、袋小路
❷ **post-capitalism**：ポスト資本主義、脱資本主義
❸ **buzzword**：流行語、話題の言葉
❹ **mediocre**：平凡な、二流の

資本主義に代わるものはない

Q：最近、資本主義は近いうちに行き詰まるかもしれないという声を聞きます。

A：しかし、資本主義に代わるものはありませんよ。かつてないほど多くの国が資本主義的になろうとしています。

Q：最近ではポスト資本主義が一種の流行語になっていますが。

A：アフリカに行って、そこの人々に「何が欲しいですか」と聞いてみてください。彼らは成功している会社といい仕事が欲しいと答えるでしょう。それが資本主義です。ですから私はポスト資本主義というものはないと思います。昨今の資本主義はいくつかの点においてあまりよくないことは認めます。しかし資本主義はもっと必要です。そして資本主義はさらに資本主義的になる必要があります。ナイジェリアの人々にはこのことがわかっています。彼らにポスト資本主義のことを話すと、気は確かかという目であなたを見るでしょう。彼らは「お金が欲しい。仕事が欲しい」と言っているのです。彼らの言うことのほうが西側諸国のインテリ層の言い分よりも賢いのです。

Q：今のところ資本主義よりもよい経済システムはないということですか。

A：そのとおりです。今のところは。ずっと先のことを話すのはためらわれますが、私は長いあいだ、資本主義よりもよいシステムは出てこないだろうと思います。

Today's Democracy

Q: What are the subjects that you are very interested in right now economically?

A: I'm very interested in Africa now; trying to understand China better; trying to understand politics in the West, why it has become so ❶**weird**. I wouldn't call that economics, but I think economists need to think and worry about that. Like, why were we so surprised?— ❷**Brexit**, Trump, many things. Hardly anyone saw this coming. So, I'm very interested in that.

Q: How about democracy? It is, you know, is ❸**under fire**, in a way.

A: There's different ways of thinking about it, and I don't know which is right. But one way to ❹**put it** is: Democracy has never been stronger, it's just that the people want some stupid things. I mean, Brexit, people ❺**voted for** it, right? That was democracy. I disagree. But you can't call it ❻ **antidemocratic**. So, maybe the world is more democratic and we're not quite ready for that.

💬 **Vocabulary**

❶ weird：変な、奇妙な
❷ Brexit (British + exit)：ブレグジット　☆イギリスのEU離脱。

❸ under fire：批判されて　☆直訳だと「砲火を浴びて」。
❹ put it：表現する、言い表す

今日の民主主義

Q：現在、経済に関して深く興味を持っていらっしゃるテーマは何ですか。

A：今、アフリカにとても興味があます。それから中国をもっとよく理解しようとしていて、西側諸国の政治がどうしてこんなにも変になってしまったのかを知ろうとしています。政治は経済学とは呼べませんが、経済学者は政治のことを考えて憂慮する必要があると思います。例えば、ブレグジットやトランプ大統領の当選といった多くの驚くべきことが、どうして起こったかなどですね。そんなことが起こると予想できた人はほとんどいませんでした。ですから、私はそのようなことに興味があります。

Q：民主主義はどうでしょう。ある意味、批判されていますが。

A：それについてはいろいろな考え方があり、私にはどの考え方が正しいかはわかりません。しかし、民主主義はかつてないほど強固だが、人々が単に愚かなことを求めているだけだと言うことはできます。つまり、人々がブレグジットに賛成票を投じたわけでしょう。それが民主主義だったのです。私はそう思いたくありませんが。しかし、それを反民主主義と呼ぶことはできません。ですから、世界はより民主化しているが、私たちには受け入れる準備がそこまではできていないのかもしれません。

❺vote for ~：～に賛成票を投じる
❻antidemocratic：反民主主義的な

　タイラー・コーエン氏は日本ではまだあまり知られていないが、米国をはじめ世界各国で有名な経済学者である。特に『ニューヨーク・タイムズ』紙で連載中のEconomic Sceneは大人気のコラムだ。また、『エコノミスト』誌が実施したアンケートでは、過去10年間で最も影響力のある経済学者の1人に選ばれており、『フォーリン・ポリシー』誌が選ぶ「世界の思想家トップ100」にも選ばれているくらいで、日本でももっと有名になっておかしくない存在である。

　著書として話題になったのは2011年に出版された『大停滞』で、これは日銀副総裁の若田部昌澄氏にその解説文で「本書の面白さと革新性は、経済危機以降の米国での経済論争の焦点を変えた点にある」と言わしめたほど、論争を巻き起こした。2014年に出版された『大格差　機械の知能は仕事と所得をどう変えるか』では、AIによる失業の犠牲にならないための処方箋を説いており、2019年に出版された『大分断　格差と停滞を生んだ「現状満足階級」の実像』では、開拓者精神を失った米国に警鐘を鳴らしている。

　コーエン氏は、格差については著作のみならず講演やコラムで大いに語っている。彼は、これまで産業を支えてきた中間層の消滅の原因の1つが「孤独」であるとして、「人と触れ合うコミュニティーの減少の中で、孤独を感じながら中間層として生きていくのは厳しい」と述べている。この見方はまったく予想していなかったので、私ははっとさせられた。

　氏の英語は標準的なアメリカ英語そのもので、話す速度も普通である。そのため非常に聞き取りやすく、リスニングの練習の素材として最適と言ってもいいだろう。

重要単語&フレーズ

☐ **do away with 〜**
〜を終わりにする、排除する

☐ **on net**
最終結果として

☐ **income**
所得、収入

☐ **inequality**
不平等

☐ **sizable**（＝sizeable）
相当な数［量］の

☐ **minority**
少数派、少数集団

☐ **get by**
何とか生活していく

☐ **turnover**
入れ替え

☐ **optimist**
楽観主義者

☐ **equilibrate**
〜の平衡を保つ

☐ **discontent**
不満を抱いて

☐ **denial**
否定

☐ **hostile**
敵意［反感］を持った

☐ **fate**
運命

☐ **reserve currency**
準備通貨

☐ **anonymous**
匿名の

☐ **supplement**
〜を補う

☐ **stagnation**
景気停滞

☐ **pessimistic**
悲観的な

☐ **mentality**
考え方

☐ **retrenchment**
節約、（費用などの）削減

☐ **psyche**
精神

☐ **generate**
〜を生み出す

☐ **remedy**
解決策、治療

☐ **trajectory**
足跡、進展

☐ **comparably**
同程度に

☐ **underestimate**
〜を低く見積る

☐ **mediocre**
平凡な、二流の

☐ **under fire**
批判されて

☐ **vote for 〜**
〜に賛成票を投じる

Chapter **6**

Rutger Bregman

Profile | ルトガー・ブレグマン　歴史家、ジャーナリスト、作家
「ベーシックインカム」、「週15時間労働」、「国境の開放」の3つの主張を展開する若手の論客。
1988年にオランダのレーネスセに生まれる。2012年にユトレヒト大学と米カリフォルニア州立大学ロサンゼルス校（UCLA）で歴史学の修士号を取得後、ジャーナリストとしてのキャリアをスタートさせる。また、2013年に誕生した、広告収入に頼らないオンライン上のジャーナリスト・プラットフォームである「デ・コレスポンデント（De Correspondent）」の創設以来のメンバーでもある。
2014年に「デ・コレスポンデント」から出版した*Utopia for Realists: And How We Can Get There*はオランダ国内でベストセラーになり、その後20カ国語以上に翻訳されている。日本語版は『隷属なき道　AIとの競争に勝つベーシックインカムと一日三時間労働』（文藝春秋）。

"I see the universal basic income or an unconditional basic income, it would be the crowning achievement of capitalism."

私はユニバーサル・ベーシックインカムは、
つまり無条件のベーシックインカムは、資本主義の
この上ない成果になるだろうと考えています。

Interview Point

　今回のインタビューの前半部は「ベーシックインカム」の導入を軸に展開した。ブレグマン氏は、現在の資本主義社会の豊かさを考慮すると、ベーシックインカムは十分実現可能であり、資本主義だからこそ実行すべきであり、私たちにはベーシックインカムを受ける権利があると論じる。そして導入のメリットとして、賃金を稼ぐための労働時間を減らすことができ、その分を人生における有意義な活動にあてられるとしている。

　さらに話題は「遊び」の大切さへと広がる。ブレグマン氏は子どもの遊びの時間が世界的に驚くほど減少しており、そのことが子どもたちの学びや想像力を阻害していると論じる。遊びが文化を生み出すと考える彼は、西側諸国や日本の社会が、遊びがなくて仕事をするだけの、創造性がない社会に向かいつつあることについても警鐘を鳴らした。

What is "Utopia for Realists"?

◀ 49

Q: Kazumoto Ohno   **A:** Rutger Bregman

Q: **❶Your book** title is *Utopia for Realists*.

A: Mm-hm.

Q: This sounds **❷contradictory**, utopia for realists.

A: The central idea of the book is that every **❸milestone** of civilization—the end of slavery, or democracy, or equal rights for men and women, or the rights of the welfare state, these were all utopian fantasies once, but now they're real.

So, somehow it has happened in the past that utopia has become real. And what I try to do in the book is to show how that can happen again, and what kind of utopian ideas—things that may seem completely **❹ludicrous**, crazy right now—might become reality in the future.

Q: You were extremely eager to publish this book.

A: Well, I really believe in the ideas in this book, and it's been quite a surprise to me that it has been such a success right now. I mean, it's been translated into more than 20 languages, and I didn't really expect that. But I guess that a lot of people around the globe are **❺yearning for** new ideas, and are yearning for alternatives, you know, especially after Brexit and Trump, and there are so many people struggling with **❻burnouts**, or **❼depression**, or think their job is meaningless or whatever. There are so many issues going on. And people are looking for answers.

💬 Vocabulary

❶Your book：*Utopia for Realists: And How We Can Get There* 『隷属なき道　AIとの競争に勝つベーシックインカムと一日三時間労働』（ルトガー・ブレグマン著、文藝春秋刊）

❷contradictory：矛盾した
❸milestone：（歴史における）画期的な出来事
❹ludicrous：ばかげた
❺yearn for ~：～を切望する

「現実主義者のためのユートピア」とは?

Q：大野和基　　A：ルトガー・ブレグマン

Q：ご著作の書名は *Utopia for Realists* ですね。

A：はい。

Q：(訳すと「現実主義者のためのユートピア」となりますが) 矛盾しているように聞こえますね。

A：この本の中心となる考えは、文明のあらゆる画期的な出来事は、かつてはすべてユートピア的な空想であったものが現実になったものだということです。例えば奴隷制の廃止、民主主義、男女同権、社会保障を受ける権利などがそうです。

　どういうわけか、過去において、ユートピアが現実になっているのです。私がこの本で伝えたかったのは、そういうことがどうやったら再び起こり得るか示すことと、今は完全にばかげていて荒唐無稽に見えるユートピア的アイデアの中のどのようなものが、将来は現実になるかもしれないか示すことです。

Q：あなたはこの本をどうしても出版したかったのですよね。

A：ええ。私はこの本の考えが正しいと思っていますし、現在とても多くの人に読まれていることに驚いてもいます。20カ国語以上に翻訳されていますが、そんなことは考えもしていませんでした。世界中の大勢の人が、特にブレグジット（イギリスのEU離脱）とトランプ大統領の当選以降、新しいアイデアや代わり（となるシステム）を切望しているのだと思います。そして、あまりにも多くの人が燃え尽き症候群やうつ病に苦しんでいて、自分の仕事を無意味などと思っています。あまりにもたくさんの問題が起こっているので、人々は答えを求めているのです。

❻burnout：燃え尽き症候群　☆目標を達成できなかった際に感じる徒労感や、達成したあとに感じる虚脱感。
❼depression：うつ病

Q: That's right. As you said, this book has been translated into 20 languages. How do you feel the reaction or feedback from all over the world, particularly in Japan?

A: Well, what really **⑧intrigues** me is that the problems that all these countries are facing are often so similar. It's just a matter of degree in the differences. You know, it's just a matter of degree. But, for example, I wrote this book originally for Holland, obviously. And many people think of Holland or the Dutch as a very relaxed kind of people who have pretty short **⑨working weeks**, especially if you compare it to Japan.

But, actually, my analysis was that, even in Holland, we were working more and more and more, you know, and we were becoming more stressed out than ever. But then, just a few weeks ago, I traveled to Japan, and I thought, "Wait a minute. They need to read this book first." You know, it's way more important for the Japanese to read it than for the Dutch, actually, because I've never seen a culture that is so **⑩obsessed with** work, as the Japanese culture is.

Q: Why do you think the time has come for us to think or to return to the utopian thinking in this 21st century?

A: Well, let me first say that, as I like to state, is that the big problem of today is not so much that we don't **⑪have it good** as that we have no new vision of how to make this world a **⑫radically** better place. We are, right now, we are richer, and wealthier, and healthier than ever. It's just that we have no new visions of where to go next.

🗨 **Vocabulary**

⑧intrigue：～の興味をそそる
⑨working week：1週間の労働時間
⑩obsessed with ～：～にとりつかれた
⑪have it good：楽に生活する
⑫radically：抜本的に

Q：そのとおりですね。おっしゃったように、この本は20カ国語に翻訳されました。世界中の読者からの、特に日本の読者からの反応やフィードバックはいかがでしたか。

A：私がとても興味を持っていることは、本が出版された国々が直面している問題は、しばしばとても似ているということです。問題の程度に違いがあるだけです。程度の問題なのです。私はもともと、この本を当然ながら（母国である）オランダのために書きました。多くの人がオランダ、いやオランダ人のことを、1週間の労働時間がかなり短い、とてもリラックスした人たちだと思っています。特に日本と比べたらそうですよね。

　しかし実際は、私の分析によると、オランダでさえ人々の労働時間はどんどん増え続け、人々にはかつてないほどストレスがたまっていました。とはいうものの、私はほんの数週間前に日本に行ったのですが、そこで「ちょっと待てよ。日本人こそ最初にこの本を読むべきだ」と思ったものです。オランダ人よりも日本人がこの本を読むことのほうがずっと重要です。なぜなら日本の文化ほど仕事にとりつかれている文化を私は見たことがないからです。

Q：あなたがこの21世紀こそ、私たちがユートピア的な考えをしたり、ユートピア的な考えに戻ったりする時だと考える理由は何ですか。

A：まず今日の大きな問題は、私たちが楽に生活できないことよりも、むしろこの世界を抜本的によりよくするための新しいビジョンが私たちにないことだと述べたいと思います。現在私たちはかつてないほど裕福で、豊かで、健康です。私たちには単に次にどうしたらいいかという新しいビジョンがないだけなのです。

Basic Income Is an Achievement of Capitalism

Basic Income Is Possible

◀ 50

Q: Do you think there should be another or better model than capitalism?

A: Well, there are quite some thinkers now who like to use the word post-capitalism. And there's something to be said for that, you know. I'm not a Marxist or anything, in that I'm not saying that we should **❶overthrow** the existing model and, you know, have a revolution, a violent revolution tomorrow. That's absolutely not what I'm arguing. What I do think is that we need to **❷transcend** our current model of capitalism.

But, actually, the idea of a basic income, a universal basic income for everyone, you know, which is sort of a **❸collective** **❹heritage**, everyone would receive a monthly **❺grant** to pay for their basic needs, and that would sort of provide everyone with real freedom to decide for themselves what to do with their life. Actually, I see the universal basic income or an **❻unconditional** basic income, it would be the **❼crowning** achievement of capitalism.

It should have been what capitalism would have been **❽striving for** **❾all along**, because we can now afford to do it, you know. As I said, we are richer than ever. We can now afford to give everyone a part of the **❿rent**, you know, just the huge rent that we're generating. But what we're doing right now, I mean, we're living in quite unequal societies, and there's just a smaller and smaller part of the population that's benefiting. The idea of a universal basic income is to give everyone a part of that heritage.

🗨 Vocabulary

❶ overthrow：〜を転覆させる、廃止する
❷ transcend：〜を超える、超越する
❸ collective：共有の、集団の
❹ heritage：相続財産、遺産
❺ grant：補助金

❻ unconditional：無条件の
❼ crowning：最高の、この上ない
❽ strive for 〜：〜を目指して努力する
❾ all along：(最初から) ずっと
❿ rent：In Detailを参照。

ベーシックインカムは
資本主義の成果

ベーシックインカムは実現可能

Q：資本主義に代わるモデルや、資本主義よりもよいモデルがあるはずだと思われますか。

A：現在、ポスト資本主義という言葉を好んで使う思想家はかなりいますが、それについて言いたいことがあります。私は既存の（資本主義）モデルを覆して、革命を、暴力的な革命を明日にでも起こすべきだなどとは言っていませんから、マルクス主義者などではありません。それは私が主張していることとは明らかに違います。私が考えているのは、私たちには現在の資本主義モデルを超える必要があるということです。

　実際、ベーシックインカムの考えは、あらゆる人を対象とするユニバーサル・ベーシックインカムの考えは、共有する相続財産の分配のようなものです。誰もが必需品の代金を払うための補助金を毎月受け取ります。それは各人に、自分の人生で何をするかを自ら決められる、本当の意味の自由を提供することでもあります。事実、私はユニバーサル・ベーシックインカムは、つまり無条件のベーシックインカムは、資本主義のこの上ない成果になるだろうと考えています。

　自分の人生で何をするかを自ら決めるということこそ、資本主義がずっと努力して求めてきたもののはずです。そして私たちは今、そうすることができる状態にあります。先ほど述べたように、私たちはかつてないほど裕福だからです。今、私たちはあらゆる人に、私たちが生み出している巨額の超過利潤の一部を分け与えることができます。しかし私たちは今、とても不平等な社会に住んでいて、利益を得ている人の割合はますます小さくなっています。ユニバーサル・ベーシックインカムの考えは、あらゆる人にその財産の一部を与えるというものです。

> ⟍ **In Detail** ⟋
>
> **rent：超過利潤、経済的レント**
> 　超過利潤とは正常な利潤を上回る利潤のことで、新技術の採用や新商品の開発、独占による価格のつり上げなど、競争相手の参入が制限されている場合に生じる。また、市場価格の偶然的変動から生じる場合もある。

More Choices in Life

◀ 51

Q: **❶Free money**. It means free money. You argue free money works well, like you said. But can you think of any risks to it?

A: Well, obviously the most important objection that people often have is that free money will make people lazy.

Q: That's right.

A: That they will stop working or something like that. And we can argue about this for a long time. You may have a pessimistic image of human nature. I may have an optimistic image of human nature. And, well, that discussion can go on for hours, probably.

So, what I propose is that we just look at the **❷evidence**. I mean, there has been a lot of scientific experiments conducted in the past. A big part of my book is about those experiments, you know, experiments that happened in the '70s in Canada, in the U.S., but also more recent experiments. And **❸ time and time again**, researchers have found that if you get people above the **❹poverty line**, if you give them the freedom to decide for themselves what to make of their lives, they'll put the money to good use. They won't waste it.

You know what's actually quite fascinating is that it's actually in the most overworked countries, like the U.S., Turkey and Japan, where people watch the most amount of television. Because if you're really tired, in your spare time, the only thing you can do is like—you know?—watch television, sure. But it's in countries with shorter working weeks where people do more volunteers' work, have more time to care for the kids, care for the elderly, compose music, arts, theater, you name it.

So, what I propose is that we should work less, do less paid work in order to do more. And a basic income will be fundamental here because it will give people the opportunity to make different choices in their life.

💬 **Vocabulary**

❶ free money：フリーマネー、自由に使えるお金　❸ time and time again：何度も
❷ evidence：証拠　❹ poverty line：貧困ライン

人生におけるより多くの選択肢を

Q：フリーマネー。ベーシックインカムとはフリーマネーのことですよね。あなたはフリーマネーはうまく機能すると主張されていますが、リスクは考えられませんか。

A：よく述べられる反対意見で最も重要なものは、言うまでもなく、「フリーマネーを与えれば人々は怠惰になる」というものです。

Q：そうですね。

A：「人々は働くのをやめるだろう」といった反対意見です。それについては長時間議論できるでしょう。あなたは人間の本性に対して悲観的なイメージを持っているかもしれませんし、私は人間の本性に対して楽観的なイメージを持っているかもしれません。このことを議論したら、おそらく何時間もかかるでしょう。

それで私が提案するのは、証拠のみに基づいて議論することです。これまでに科学的な実験がたくさん行われており、私は自著の多くの部分でそれらの実験について記述しました。実験には1970年代にカナダと米国で行われたものだけでなく、もっと最近のものも含まれています。そして研究者が何度も得た結果は、人々を貧困ラインから引き上げたら、彼らに人生で何をするかを自ら決める自由を与えたら、彼らはお金を有効に活用するということです。彼らはお金を浪費しません。

とても興味深いことに、実は米国、トルコ、日本といった最も働き過ぎの国の人々が、最も長時間テレビを見ているのです。なぜなら、疲れ切っていたら、余暇にできることはテレビを見ることぐらいですからね。しかし1週間の労働時間が短い国では、人々は余暇にボランティアワークをしたり、子どもや老人の世話にもっと時間を割いたり、作曲したり、芸術や演劇の活動をしたりと、あらゆることをします。

ですから私が提案したいのは、もっといろいろな活動をするために、有給の仕事をする時間を減らすということです。そしてベーシックインカムはその根本となります。なぜならそれは人々に、人生におけるさまざまな選択をする機会を与えてくれるからです。

Basic Income Is a Right

🔊 52

Q: People say efforts must pay. I mean, when you make efforts, you have to be paid for that effort that you make.

A: Yeah. Well, let me first say that almost everyone would want to earn additional money on top of a basic income. It is a basic income, you know? Almost everyone would want to do additional paid work. But you should also remember, maybe the word basic income is not the best word. We could also use the word social **❶dividend**. Because that would emphasize that, actually, it is a right and not a **❷favor**.

You know, because our **❸forefathers** worked so hard and achieved all this wealth, all this **❹prosperity**—you know, we didn't invent the wheel, we didn't invent the steam machine, we didn't invent democracy. You know, there's all these great things, institutions, ideas, technologies were all invented by, you know, our forefathers in the past. We are just lucky to live right now. We are basically living off the rents that they created. And what a basic income or social dividend does is just acknowledge it.

💬 **Vocabulary**

❶ dividend：配当金
❷ favor：親切（心）

❸ forefathers：（通常複数形で）先祖、先人
❹ prosperity：繁栄

ベーシックインカムは権利である

Q：人々は、「努力には相応の対価が支払われるべきだ」と言います。つまり努力したら、その努力に対してお金を支払われないといけないわけです。

A：はい。まず言いたいことは、ほぼ誰もがベーシックインカムに加えて、さらにお金を稼ぎたいと思うだろうということです。ベーシックインカム（基礎所得）という言葉が、そのことを表していますよね。ほとんど誰もが有給の仕事を追加したいと思うでしょう。また、ベーシックインカムという言葉が最適な表現ではないかもしれないということも心に留めておいてください。社会配当金という言葉を使ってもいいかもしれません。その言葉のほうが、善意からのお金ではなく、権利としてのお金をもらうことを強調するからです。

　（社会配当金と呼ぶ理由は）私たちの前の世代の人たちが懸命に働いて現在の富を、繁栄を獲得したからです。車輪や蒸気機関を発明したのは現在の私たちではありません。民主主義を発明したのも私たちではありません。制度、アイデア、テクノロジーといった偉大な物事はすべて、過去の世代の人たちによって発明されたのです。現在生きている私たちは本当に幸運です。私たちは過去の世代が作り出した超過利潤で暮らしているのです。そしてベーシックインカムや社会配当金はそのことを認めることで成立するのです。

Happiness Is Not Everything

◀ 53

Q: When it comes to the universal basic income, you have to explore a new sense or new value for happiness?

A: Well, I always am a bit ❶**skeptical** about all these people who say that happiness is the purpose of life because actually, I mean, I think you can be quite happy but still live a life that doesn't have a lot of meaning. I mean, you can be happy if you... Probably if there would be drugs on the market that will make you happy 100 percent of the time, like ❷*Brave New World*. You may have read that book by ❸**Aldous Huxley**. Would that be a good life, you know, where you're just taking the pills and being happy all the time? Well, probably not. We've got to be happy for the right reasons. I think most people would agree.

So, to be honest, I don't really care about happiness. There are, there have been a lot of great people in history who haven't been really happy but still have achieved a lot of great things and have lived very meaningful lives, or have been sometimes very happy and sometimes very unhappy, sure. I mean, if terrible things are happening, you should be unhappy.

So, what I think is we should have a ❹**dashboard** of all kind of different ❺**indicators** and have a very democratic discussion about the things that we care about, you know. Try and lead rich lives. Not only focus on work, work, work, but also on caring for each other, letting our creativity bloom. There are so many things that we can, that we can look at. And so I'm not saying I'm against happiness. I just think it's too ❻**simplistic** to just focus on that.

💬 **Vocabulary**

❶ skeptical：懐疑的な
❷ *Brave New World*：『すばらしい新世界』 ☆In Detailを参照。
❸ Aldous Huxley：オルダス・ハクスリー ☆イギリス出身の著述家。
❹ dashboard：計器盤
❺ indicator：指標、指針
❻ simplistic：短絡的な

幸福がすべてではない

Q：ユニバーサル・ベーシックインカムに関して言えば、幸福の新しい感じ方や幸福の新しい価値感を探求しなければならないのでしょうか。

A：私はいつも、「幸福こそが人生の目的だ」と言う人たちには少し懐疑的です。なぜならあまり意味のない人生を送っていても、とても幸福感を感じることができるからです。小説『すばらしい新世界』のように、いついかなる時にも幸福になれる薬が売られていたら、幸福になれるでしょう。あなたはオルダス・ハクスリーが書いたこの本を読んだことがあるかもしれませんね。このように薬を飲んでいつも幸福でいる人生は、いい人生と言えるのでしょうか。おそらくそうではありません。私たちはしかるべき理由で幸福にならないといけないのです。このことにはほとんどの人が同意するでしょう。

　正直に言って、私は幸福をそれほど重視しません。歴史上、あまり幸せでなかった偉人はたくさんいますが、それでもたくさんの偉業を成し遂げて、とても意義ある人生を送っています。また、ある時はとても幸せで、ある時はとても不幸な人生を送った偉人もいますね。もしひどいことが起こったら、不幸せな気分になるのはしかたのないことですし。

　ですから私たちは、幸福だけでなくあらゆる種類の指標を表示する計器盤のようなものを持って、気にかけていることを民主的に話し合っていくべきだと思います。実り豊かな生活を送るためには、仕事だけを重要視するのではなく、お互いを気にかけて、創造性を花開かせることも重要視しないといけません。私たちが考察したほうがいいことはたくさんあります。私は幸福に反対しているわけではありませんよ。ただ幸福だけを重要視するのは短絡的だと思うのです。

Chapter 6　Rutger Bregman

\ **In Detail** /

Brave New World：『すばらしい新世界』

　1932年に刊行されたオルダス・ハクスリーによる小説（SF小説）で、ユートピアの反対のディストピアを描いている。科学が発達した西暦26世紀のロンドンでは、睡眠教育法による階級社会への無条件の適応、幸福感を得られる「ソーマ」という薬の配給、フリーセックスの奨励などで、人々が社会に対して不満を抱かない「すばらしい世界」が構築されているかのように見えた……。

No Play, No Creativity

Children Need to Play

◀ 54

Q: Japan **❶enforced** education policies years ago which emphasized lighter curriculum, less study, so that children did studies without being forced, but the policy failed. But do you think that children and adults are different, so that you have to force children?

A: Absolutely not. I think that children are little learning machines. You know, no one has to teach a kid of 2 years old or 1 year old how to walk or how to speak. They just do that. They ask questions all the time. Like a kid of 2 or 3 years old is asking, "Why is this? Why is that? Why is it?" If they're 8 years old, or 10 years old, or 15 years old and they've stopped asking the questions, it's because we taught them to stop asking those questions, you know? It's because we've **❷beaten the creativity out of** them—sometimes in a literal way, but happily often not.

But actually, I'm working on an article right now about the **❸extraordinary** decline of play, you know, just the free time that kids have. And so often we assume—especially in Asian culture—it's assumed that play is just a waste of time. Well, actually, for 95 percent of our human history, when we were **❹hunter-gatherers**, children were free to play all the time, and they were learning a lot of things. Play and learning were the same, you know? Because if you are playing, you're learning how to negotiate with other kids, you're **❺stimulating** your creativity, etc.

💬 Vocabulary

❶enforce：～を施行する
❷beat A out of B：AをBからたたき出す
❸extraordinary：驚くべき
❹hunter-gatherer：狩猟採集者
❺stimulate：～を刺激する

遊びがなければ創造性は生まれない

子どもは遊ばなければならない

Q：日本は何年も前に、生徒が強制されることなく学習できるように、負担の軽いカリキュラム、少ない学習量を強調した教育方針を施行しましたが、それは失敗に終わりました。子どもと大人は違うので、子どもには学習を強制すべきだと思いますか。

A：絶対に強制すべきではありません。子どもは小さな学習機械のようなものだと思います。1、2歳児に歩き方やしゃべり方を教える必要はありませんよね。自然とできるようになるのです。子どもはいつも質問します。2、3歳児はいつも「どうして？　どうして？　どうして？」と尋ねるものです。8歳、10歳、15歳と成長すると質問することはやめますが、それは大人がそういう質問はしないように言うからです。大人が子どもから創造性をたたき出しているのです。文字どおり、たたいてそういうしつけをすることもありますが、幸運にもそういうことは多くはありません。

　実は私は今、「遊び」、つまり子どもの自由時間が驚くほど減少していることについて記事を書いています。私たちはたいてい、特にアジア圏の文化においては、遊びは単なる時間の無駄だと考えます。実際のところ、人間はその歴史の95パーセントを狩猟採集者として過ごしていたのですが、その間子どもたちは常に自由に遊んで、遊びから多くのことを学んでいました。遊びと学びは同じことだったのです。わかりますよね。遊びを通して、ほかの子どもたちと交渉する方法を学んだり自分の創造性を刺激したりしているのです。

We Are Homo Ludens

◀ 55

A: Let me give you a ❶metaphor. There's an ❷indigenous ❸tribe in Papua New Guinea called the Baining. And in the 1920s, a very famous American anthropologist, ❹Gregory Bateson, went there, and he did 15 months of fieldwork, and after that, he was completely depressed and went home because he basically said, well, the Baining are the most boring culture there ever is.

They're the ❺dullest society there ever... There's nothing to study there. They have no myths, no religion, no ❻hierarchy. Everyone's equal. Everyone's obsessed with work, basically. The only thing they do is work, work, work, work, work all the time. They've got no culture whatsoever.

Then, in the '60s another anthropologist went there, educated by Harvard. His name is ❼Jeremy Pool. It's one of the great... you know, he was one of the best achievers. But, for him, the same. He went there with his wife, and 15 months later, they were home again, completely depressed, and he quit anthropology. Never wanted to have anything to do with anthropology again.

It was only in the '90s that another anthropologist discovered what the reason was for why this culture was so boring. What she discovered is that the Baining were ❽discouraging or even punishing their children for playing, so children were not allowed to play. The 2 years old were picked up and said, "No, no, no. Don't crawl on the ground." There were hardly any child games. The whole purpose of education for the Baining was getting people to work as soon as possible. And the result of that, there was no culture at all.

💬 Vocabulary

❶metaphor：たとえ
❷indigenous：(その土地) 固有の、先住の
❸tribe：部族

❹Gregory Bateson：グレゴリー・ベイトソン　☆文化人類学者。英国出身で米国で活動した。
❺dull：退屈な

私たちはホモ・ルーデンスだ

A：たとえ話をしましょう。パプアニューギニアにベーニングという先住民の部族がいます。著名なアメリカの人類学者であるグレゴリー・ベイトソンが1920年代にその部族のもとへ行き、15カ月間のフィールドワークを行い、その後完全なうつ状態になって帰国しました。彼がうつになった理由は、基本的には、ベーニングの文化が類を見ないほどに退屈だったからです。

ベーニングの社会は類を見ないほどに退屈だったので、研究すべきものが何もなかったのです。神話も宗教もありませんでした。ヒエラルキーもなかったので、誰もが平等でした。そして基本的には、全員が仕事にとりつかれていたのです。ベーニングの人たちがすることは、常に働いて働いて働き続けることだけでした。文化というものはまったく存在しませんでした。

その後1960年代に、ハーバード大学で教育を受けた別の人類学者がベーニングのもとに行きました。彼の名はジェレミー・プールで、非常に優秀な研究者でした。しかし彼にも同じことが起こったのです。彼は妻と一緒にそこで15カ月間過ごしたのち、完全なうつ状態になって帰国しました。そして彼は人類学のキャリアを辞めてしまい、二度と人類学に関することをしたがりませんでした。

別の人類学者がベーニングの文化がこれほど退屈な理由を解明したのは、1990年代になってからのことです。彼女が発見したことは、ベーニングの部族は子どもが遊ぶのを抑止したり、罰したりすらしているということでした。つまり、子どもは遊ぶことを許されないのです。2歳児が「だめだめ。地面ではいはいをしたらだめでしょ」と言って抱え上げられます。子どもの遊戯もほとんどありません。ベーニングの教育の目的自体が、できるだけ早く子どもを働かせるということです。そしてその結果が、文化の欠落となるのです。

---

❻**hierarchy**：階級制度、ヒエラルキー

❼**Jeremy Pool**：ジェレミー・プール　☆人類学者。妻のゲイルとベーニングのフィールドワークをした。

❽**discourage**：〜を抑止する、やめさせる

There's **❾a great book** by, old book by a Dutch historian, **❿Johan Huizinga**, who said, well, **⓫Homo sapiens** is **⓬Homo ludens**, you know. It's in our nature to play, we need to do that, and that is actually how we create stories, how we produce culture. Play is like the most essential thing we do. But a culture that focused more and more on work, work, work, work, work doesn't produce innovation, creativity, culture anymore.

So I'm not saying that the Dutch, or the Americans, or the Japanese are like the Baining right now, but we're moving in that direction. We are moving towards a society where all we do is work, but we don't create anything of meaning anymore.

🗩 **Vocabulary**

❾**a great book**：*Homo Ludens*『ホモ・ルーデンス』 ☆In Detailを参照。

❿**Johan Huizinga**：ヨハン・ホイジンガ ☆オランダの歴史家。代表作は『中世の秋』、『ホモ・ルーデンス』など。

⓫**Homo sapiens**：ホモ・サピエンス、人類

⓬**Homo ludens**：ホモ・ルーデンス ☆ララン語で「遊ぶ人」の意。

オランダの歴史家であるヨハン・ホイジンガによる素晴らしい古典があります。彼はその著作の中で、ホモ・サピエンスはホモ・ルーデンス（遊ぶ人）であり、遊ぶことこそ人間の本質であり、人間には遊びが必要で、遊ぶことによって物語を作り出し、文化を生み出す、と述べています。遊びは私たちにとって最も重要な行為なのです。しかし文化はますます仕事ばかりを重要視するようになっています。そして仕事はイノベーションも、創造性も、文化も生み出しません。

　私は現在のオランダ人、アメリカ人、日本人がベーニングのようだとは言っていません。しかし私たちはその方向に向かっています。私たちは仕事だけして、意義のあるものは何も作り出さない社会に向かって進んでいるのです。

\ **In Detail** /

Homo Ludens：『ホモ・ルーデンス』
　1938年に出版されたヨハン・ホイジンガの著作。「遊び」が人間の本質であり、人間は遊びを通して「文化」を築いてきた、つまり「遊び」のほうが「文化」に先立つという主張。著作の中で遊びの定義づけをし、遊びを文化の様々な側面と結び付けている。

　ルトガー・ブレグマン氏が世界の耳目を集めた契機は、もともと自国のオランダ人のために書いた*Utopia for Realists: And How We Can Get There*（邦訳『隷属なき道　AIとの競争に勝つベーシックインカムと一日三時間労働』）が、世界中で話題になったことである。

　氏の哲学の元になっているのは「人生の意義とは何か」ということだ。氏が提唱するベーシックインカムも、その考えが軸となっている。ベーシックインカムに対する典型的な反論は「フリーマネーを与えると人は怠けてしまう」というものであるが、実際に行われた科学的実験が、人は貧困ラインを超えればお金を有効に活用することを実証していると彼は言う。ベーシックインカムによって、人は豊かな選択肢を持ち得るのだ。

　さらにブレグマン氏は労働時間を短くすることを提案し、労働時間が短いほど、多くの人がボランティア活動や芸術活動といった、人生をより豊かにする活動に携わることができるようになると言う。また氏はChapter 3で登場したデヴィッド・グレーバー氏と同じように、「くだらない仕事」が多すぎることも指摘している。家賃収入で何不自由なく暮らしていたフランスのルイ14世のような生き方だと、充実した人生は送れないのだ。

　氏はオランダ人で、英語は第二言語となるが、話していると第一言語と全く変わらない。実際、オランダ人で英語を話せない人はいないと言っても過言ではないが、どうやら小学校から始まるオランダの英語教育は大成功しているようだ。日本では小学校での英語教育に対して賛否両論あるが、今後どのような結果が出るのだろう。

- [ ] **contradictory**
  矛盾した
- [ ] **milestone**
  （歴史における）画期的な出来事
- [ ] **ludicrous**
  ばかげた
- [ ] **yearn for 〜**
  〜を切望する
- [ ] **depression**
  うつ病
- [ ] **intrigue**
  〜の興味をそそる
- [ ] **working week**
  1週間の労働時間
- [ ] **obsessed with 〜**
  〜にとりつかれた
- [ ] **overthrow**
  〜を転覆させる、廃止する
- [ ] **transcend**
  〜を超える、超越する
- [ ] **collective**
  共有の、集団の
- [ ] **heritage**
  相続財産、遺産
- [ ] **grant**
  補助金
- [ ] **unconditional**
  無条件の
- [ ] **crowning**
  最高の、この上ない

- [ ] **strive for 〜**
  〜を目指して努力する
- [ ] **all along**
  （最初から）ずっと
- [ ] **evidence**
  証拠
- [ ] **dividend**
  配当金
- [ ] **prosperity**
  繁栄
- [ ] **skeptical**
  懐疑的な
- [ ] **indicator**
  指標、指針
- [ ] **simplistic**
  短絡的な
- [ ] **enforce**
  〜を施行する
- [ ] **extraordinary**
  驚くべき
- [ ] **stimulate**
  〜を刺激する
- [ ] **metaphor**
  たとえ
- [ ] **indigenous**
  （その土地）固有の、先住の
- [ ] **hierarchy**
  階級制度、ヒエラルキー
- [ ] **discourage**
  〜を抑止する、やめさせる

Chapter 6　Rutger Bregman

Chapter 7

Viktor Mayer-Schönberger

| Profile |

ビクター・マイヤー゠ショーンベルガー　オックスフォード大学教授
ビックデータ研究の権威。1966年にオーストリアのザルツブルク州で生まれ、ザルツブルク大学、ハーバード・ロー・スクール、ロンドン・スクール・オブ・エコノミクスなどで学ぶ。1998年からハーバード大学ケネディスクールで教鞭を取り、2010年からはオックスフォード大学教授としてインターネットのガバナンスと規制を教えている。
著作も多数あり、2009年刊行の*Delete: The Virtue of Forgetting in the Digital Age*（邦訳未刊行）ではいち早く「忘れられる権利」を提唱。2013年の『ビッグデータの正体　情報の産業革命が世界のすべてを変える』（ケネス・クキエとの共著、講談社）は20カ国語以上に翻訳され世界的ベストセラーとなった。近著は2019年刊行の『データ資本主義　ビッグデータがもたらす新しい経済』（トーマス・ランジとの共著、NTT出版）。

"Because price-based markets change to data-rich markets, we see the demise of finance capitalism and the rise of data capitalism."

価格ベースの市場からデータリッチ市場へと
移行しているので、私たちは金融資本主義の終焉と
データ資本主義の台頭を目にしているのです。

Interview Point

　ショーンベルガー氏は、資本主義は、価格が重要な意味を持つ旧来の「価格ベースの市場」から、データによるマッチングが重要な意味を持つ「データリッチ市場」に移行しつつあると言う。しかしそれだと膨大なデータを蓄積しているGAFA（Google、Amazon、Facebook、Apple）のような一握りの巨大企業が市場を独占してしまうことになるので、それを阻止するために、巨大企業が持つデータへのアクセスをオープンにすべきだと主張する。そうすれば、多くの中小企業が市場に参入することができるからだ。

　さらに彼は、大企業の独占を抑制するためには、データリッチ市場の時代に合った法規制が必要であると論じ、貨幣ではなく企業が持つデータの一部を納税するという「データ納税」を課して、データのオープン化を図ることを提唱する。彼が語る、変わりつつある資本主義に耳を傾けよう。

From Price-Based Markets to Data-Rich Markets

🔊 56

Q: Kazumoto Ohno   **A:** Viktor Mayer-Schönberger

Q: Let me start with a very ❶**comprehensive** question. In your book *Reinventing Capitalism in the Age of Big Data*, you argue that the big data revolution would change the way capitalism functions. Tell us how it would do so ❷**as opposed to** market capitalism.

A: In the current form of capitalism, we have the market at its center, but the market is a ❸**phenomenally** successful mechanism—a way by which people can work with each other, can coordinate with each other. But in order for the coordination to work, a lot of information needs to flow on the market. People need to know what's on offer, need to know the ❹**preferences** and needs and all that, and they need to take the information that they have collected and then make a decision based on the information.

That ❺**overwhelms** humans' minds because there's too many items to compare and to look at. And so humans have been inventing a solution to that problem, to the information problem, and that is that we have ❻**condensed** all of our preferences and needs and all of the qualities of the products or services, into a single number, and that is price. And so the price-based market works because we only exchange price information, or mostly exchange price information.

💬 **Vocabulary**

❶ comprehensive：包括的な
❷ as opposed to ~：~とは対照的に、~と対立する
　ものとして
❸ phenomenally：驚くほど
❹ preference：好み

価格ベースの市場から
データリッチ市場へ

Q：大野和基　**A**：ビクター・マイヤー＝ショーンベルガー

Q：最初にとても包括的な質問をさせてください。ご著作の『データ資本主義 ビッグデータがもたらす新しい経済』で、ビッグデータ革命は資本主義の機能の仕方を変えるだろうと主張されていますね。従来の貨幣中心市場（金融資本主義）と対比して、ビッグデータ革命はどのように資本主義を変えるのか教えていただけますか。

A：現在の形態の資本主義の中心は市場です。市場は驚くほど成功したメカニズムで、それによって人々が互いに協力したり調整したりすることができます。しかしそうした調整が機能するためには、多くの情報が市場で流れている必要があります。なぜなら人々は提供されているもの、好み、ニーズといったさまざまな情報を知らねばならず、自分たちが集めた情報を基に意思決定をしなければならないからです。

　しかしそのように情報を処理することは人間の頭脳を圧倒します。比較検討の対象があまりにも多いからです。そのため人間は情報処理の問題の解決策を編み出したのです。それはあらゆる好みやニーズ、あらゆる製品やサービスの品質を1つの数字に凝縮することです。それが「価格」です。ですから価格ベースの市場は、価格情報のみを交換することで、あるいは、おもに価格情報を交換することで機能するのです。

❺ overwhelm：〜を圧倒する
❻ condense：〜を凝縮する

Q: So price has a lot of meaning.

A: A lot of meaning. And therefore, what is **❼signified** with price, **❽namely** money, has a lot of meaning. Through price and through price-based markets, money became very important, not as a value or as a store of value, or not as a means of exchange, but as the grease that greases the market **❾transactions**. And that helped for the **❿advent** of **⓫finance capitalism** as we know it. Because that tells us that capital—whether it's **⓬venture capital** or whether it's investment capital—is not just money, but is also a **⓭signal** information that an investor thinks this is a good company to invest in. And so suddenly, when you have money, you have not only money, you have also a means of information. You are very powerful. And so in price-based markets, finance capital and finance capitalists are very important.

But that is changing, and it is changing now because we move away from price-based markets towards data-rich markets. What does this mean? It basically means that we don't have to condense all of the information into a single figure, namely price. We can exchange our preferences. We can talk about it in a standard way, so that we don't find the cheapest product, we find the best product—the product that meets our needs and our preferences.

And in these data-rich markets, therefore, the market is better, it's more efficient, but we are less focused on price. And because we are less focused on price, money has a smaller role to play, and capital has an even smaller role to play, because if I invest, I don't send as much of an information signal anymore. In fact, in Silicon Valley, there is so much money now available that if I invest in a company, it doesn't mean much because there is too much money available. And in that sense what we see now is because markets, price-based markets, change to data-rich markets, we see the **⓮demise** of finance capitalism and the rise of, if you want, data capitalism.

💬 **Vocabulary**

❼signify：～を意味する、表す
❽namely ~：すなわち～
❾transaction：取引

❿advent：出現
⓫finance capitalism：金融資本主義

Q：価格には多くの意味が含まれているのですね。

A：多くの意味が含まれています。そのため価格で表されるもの、すなわち貨幣には、多くの意味が含まれているのです。価格を通して、価格ベースの市場を通して、貨幣はとても重要な存在になりました。貨幣はそれ自体の価値、価値の蓄積、交換の手段の側面だけではなく、市場取引を円滑にする潤滑油としても重要になりました。そしてそのことが私たちが知る金融資本主義が出現するための一助となったのです。なぜならベンチャーキャピタルであっても投資資本であっても、貨幣は貨幣としてだけでなく、投資家が投資するのによい会社かどうかを見極めるための情報を伝えるものとしても機能するからです。つまり貨幣を所有する者は同時に情報交換手段も手にすることになるので、とても大きな力を持つことになるわけです。このように、価格ベースの市場においては、金融資本と金融資本家が非常に大きな役割を果たします。

しかし、今述べたことは変わりつつあります。それは私たちが価格ベースの市場から離れて、「データリッチ市場」に移行しているからです。このことは何を意味するのでしょう。このことが意味することは、基本的には、私たちはあらゆる情報を1つの数字、すなわち価格に凝縮する必要がなくなるということです。（データリッチ市場では）私たちは好みに関する情報を交換できます。最も安い製品を見つけるためではなく、ニーズと好みに合致したベストな製品を見つけるための、標準的な方法を持つことができるのです。

そのためデータリッチ市場は価格ベースの市場と比べて、よりよい、より効率的な市場となりますが、価格の重要性は低くなります。そして価格の重要性が低くなると、貨幣の役割は小さくなり、資本の役割はさらに小さくなります。なぜなら投資する際に、以前のように情報を伝える必要がなくなるからです。さらに、現在シリコンバレーでは貨幣があり余っているので、ある会社に投資すること自体あまり意味をなしません。そういった意味で、今私たちが目にしているのは、価格ベースの市場からデータリッチ市場への移行に伴う、金融資本主義の終焉と、いわゆる「データ資本主義」の台頭なのです。

⓬ venture capital：ベンチャーキャピタル　☆成長
が見込まれる新興企業に株式投資の形で資金を提
供する投資ファンド。

⓭ signal：信号、伝えるもの
⓮ demise：終結

AI and Bias

🔊 57

Q: Every data and **❶algorithm** are said to be **❷biased** in one way or another.

A: Sure.

Q: So, if we rely too much on data or AI, for that matter, how would we know that we or our decisions are on the right track?

A: So, you're absolutely right that every algorithm, every machine-learning system is biased based on the data because we humans are biased. **❸Daniel Kahneman** won the Nobel prize precisely for that, because he pointed out that our human **❹cognitive** processes are **❺flawed**, they're limited. We have all kinds of biases, from **❻loss bias** to **❼confirmation bias** and so forth. So, with that in mind, if a computer watches us and is being trained by our behavior, then the computer will have similar biases that we have.

That doesn't make the decision of the computer stupid, it makes the decision of the computer about as good or as bad as our decision. So, if we are happy, more or less, with our decisions, then a computer who watches us will make suitable, satisfactory decisions for us. But it will not make better decisions than we are making if we are not changing the bias in it.

💬 **Vocabulary**

❶ **algorithm**：アルゴリズム　☆問題解決のための
計算手順を指す。
❷ **biased**：偏った、バイアスのかかった
❸ **Daniel Kahneman**：In Detailを参照。
❹ **cognitive**：認知の

❺ **flawed**：欠点がある
❻ **loss (aversion) bias**、❼ **confirmation bias**：
p. 175のIn Detailを参照。

AIとバイアス

Q： どのデータやアルゴリズムにも多かれ少なかれバイアスがかかっていると言われています。

A： そうです。

Q： そうであれば、データやAIに依存し過ぎると、自分たちの決断が正しいかどうかわからなくなるのではないでしょうか。

A： まったくそのとおりです。どのアルゴリズムや機械学習システムにもバイアスがかかっています。私たち人間自体にバイアスがかかっているので、その人間のデータを基にしたそれらのものにもバイアスがかかるのです。ダニエル・カーネマンはまさにその研究でノーベル賞を受賞しました。彼は人間の認知プロセスには欠点と限界があり、人間には「損失回避バイアス」や「確証バイアス」といった、ありとあらゆるバイアスがかかっていると指摘しました。そのことを考慮すれば、コンピューターが私たちを観察して、私たちの行動によって訓練されたら、人間とよく似たバイアスを持つようになることがわかりますよね。

しかしバイアスによってコンピューターの決断が愚かになるわけではありません。バイアスによって、コンピューターは人間が下す決断と同じくらいよい決断や、同じくらい悪い決断ができるようになります。もし人間が自分が下す決断におおむね満足していたら、人間を観察するコンピューターは人間にとって適切かつ満足のいく決断をするのです。しかし人間の決断に含まれるバイアスを変えないかぎり、コンピューターが下す決断が人間が下す決断よりもよくなることはありません。

\ **In Detail** /

Daniel Kahneman：ダニエル・カーネマン

　経済学と認知科学を統合した行動ファイナンス理論およびプロスペクト理論で、世界的に著名な米国の経済学者。2002年にノーベル経済学賞を受賞して以来、彼の行動経済学が耳目を集める。行動経済学は人間は必ずしも合理的には行動しないことを前提としている。従来の経済学が合理的で、金銭的利益を最大限追求しようとするモデルであるのに対して、行動経済学は従来の経済学では説明できなかった社会現象や経済行動を、人間行動を観察することで実証的にとらえようとする新たな経済学である。

In the context of the market, that's not a bad idea, maybe, because our preferences are **❽subjective**. If we have a bias, if I have a bias for bananas and against oranges, then I want my purchasing decisions in the marketplace to **❾reflect** that. That is a bias I want the computer to have because otherwise he serves me, he purchases oranges and tells me it's healthy, but I hate oranges and I want the bananas. It's not a good idea for decisions of whether to put one in prison or whether to **❿find a person guilty**. There, biases are the wrong way to do it. But in the marketplace, the bias is not so bad.

💬 **Vocabulary**

❽ **subjective**：主観的な
❾ **reflect**：〜を反映する
❿ **find ~ guilty**：(人) に有罪判決を下す

174

市場との関係においては、コンピューターが持つバイアスは悪いことではありません。なぜなら私たちの好みは主観的なものだからです。もし私にバナナを好みオレンジを嫌う選好があれば、市場での私の購買決定ではその選好を反映させたいと思います。それが私がコンピューターに持ってほしいバイアスです。そうでなかったら、私はオレンジが嫌いでバナナが欲しいのに、コンピューターは「ヘルシーですから」と言ってオレンジを薦めるかもしれません。人を投獄するかどうかや人に有罪判決を下すかどうかといった決定にバイアスが入るのは間違っています。しかし市場におけるバイアスはそんなに悪いことではないのです。

＼ **In Detail** ／

loss (aversion) bias：損失（回避）バイアス
confirmation bias：確証バイアス
　損失回避バイアス：同一金額（例えば1万円）を得た場合と損失した場合では、損失したほうが金額を大きく感じることから、意思決定の際に効用を得るよりも損失を避けようとするバイアス。
　確証バイアス：意思決定において自分の考えを証明する情報のみを集めて、反証する情報を無視しようとするバイアス。

Opening Data in Data-rich Markets

◀ 58

Q: So, **❶matching** would become extremely **❷vital** in the data-rich environment.

A: Exactly. And we love it. The customers at Amazon love the recommendations because they help them find the right thing. No search cost, reduced amount of time that they need to find the right product. But if the recommendation is all wrong, then, of course, we all make the wrong decisions. And then the marketplace isn't **❸robust** and **❹resilient** and **❺de-central** anymore, it's a **❻concentrated** market. And then it's not a market. Then it's a **❼planned economy**. Then Jeff Bezos tells us what to do and we follow.

Q: So, the algorithm that Amazon is using to do matching would not always be producing the best matching?

A: That's right. And it might not be a mistake that Amazon **❽deliberately** built in. It might not be something that Amazon wanted. It could be a mistake. But Amazon might not know about this **❾flaw**.

Q: How do we know?

A: That's the problem. And the problem is we can never know. The solution isn't to have a perfect algorithm from Amazon. The solution is to have different advisors. You know, when you go shopping, sometimes you take your wife, sometimes you take your friend, sometimes you look at the internet for good advice.

🗩 Vocabulary

❶matching：マッチング　☆需要側と供給側を仲介すること。
❷vital：極めて重要な
❸robust：しっかりした、堅調な
❹resilient：回復力のある
❺de-central：分散型の　☆市場シェアを占有する企業がない状態を指す。

データリッチ市場でデータをオープンにする

Q：データリッチ市場ではマッチングが極めて重要になるのでしょうね。

A：そのとおりです。そして私たちはマッチングが大好きです。アマゾンの利用者は、自分に最適な商品を見つけるのに役立つレコメンデーション（おすすめ商品）が大好きです。検索にお金はかからず、最適な商品を見つけるのに要する時間も短縮できますから。しかし、もしレコメンデーションがまったく間違っていたら、当然私たち全員が誤った購買決定をすることになります。そうすると市場は堅調さと回復力を失い、分散型でなくなってしまい、集権的な市場になってしまいます。それだと市場とは呼べず、計画経済です。（アマゾンのCEOの）ジェフ・ベゾスが私たちに何をするか指示し、私たちがそれに従うことになるのです。

Q：アマゾンがマッチングのために使っているアルゴリズムは常に最適のマッチングをしているわけではないのでしょうか。

A：おっしゃるとおり。それはアマゾンが意図的に組み込んだ間違いではないかもしれません。アマゾンが望んでいたことではないかもしれません。アマゾンが気付いていない不具合かもしれません。

Q：どうやってわかるのですか。

A：それが問題です。問題は私たちには決して知ることができないということです。解決策は、アマゾンが完ぺきなアルゴリズムを持つということではありません。解決策は、異なるアドバイザーたちを持つことです。例えば、買い物に行くときには妻と一緒に行くこともあれば、友人と一緒に行くこともあり、よいアドバイスはないかとインターネットを見ることもありますよね。

❻**concentrated**：集中した、集権型の　☆市場シェアを占有する企業がある状態を指す。

❼**planned economy**：p. 179のIn Detailを参照。

❽**deliberately**：意図的に

❾**flaw**：欠陥、不具合

We need to do the same on these data-rich marketplaces. That's not possible right now. Right now, only Amazon gives us recommendation on Amazon. Why can I not have another, a [10]**third party** give me recommendations on Amazon? Well, because Amazon does not permit anybody to access the data that they have. And so third parties cannot make good recommendations.

Q: How could we prevent Amazon from being a [11]**monopoly**?

A: By forcing Amazon to open access to the data that they have. Then others can learn from it. So—

Q: So, even small [12]**startups** can access—

A: Can learn. Exactly. Exactly. The startup may have a better idea on how to do recommendations, but they need the data to learn from it and to train it. And that would actually mean that Amazon's marketplace would be even better than now because we could choose who we take shopping on Amazon as our advisors. And they would not work for Amazon or for Jeff Bezos, they work for us, so to speak. So, what we need to rebuild is the de-central structure of the market. And we can only do that by creating open access, by opening up the access to the data.

💬 **Vocabulary**

[10]**third party**：第三者、サードパーティー（当事者 の企業とは異なる企業）

[11]**monopoly**：独占、独占企業

[12]**startup**：スタートアップ企業、新興企業

データリッチ市場でも同じことをする必要があります。今は不可能な状況ですが。現在はアマゾンのみがアマゾンでのレコメンデーションを出しています。なぜ別のアドバイザーを持てないのでしょうか。なぜサードパーティーがアマゾンでレコメンデーションを出せないのでしょうか。それはアマゾンが自社のデータへのアクセスを外部に許可しないからです。ですからサードパーティーがよいレコメンデーションを作れないのです。

Q：アマゾンが独占企業にならないようにするためには、どうしたらいいのでしょう。

A：アマゾンが持っているデータへのアクセスを強制的にオープンにさせることです。そうすると他社がそのデータを自分たちのコンピューターに学習させることができます。

Q：小さなスタートアップ企業もアクセスできて……

A：（スタートアップ企業が）コンピューターに学習させることができるのです。そのとおりです。そして彼らのほうがレコメンデーションのやり方についていいアイデアを持っているかもしれません。しかしスタートアップ企業は、コンピューターに学習させトレーニングさせるためにデータが必要です。そしてそうすることで、アマゾンの市場は今よりもさらによくなるでしょう。なぜなら私たちがアマゾンで買い物をする時に、どのアドバイザーを使うか選択できるようになるからです。そういったサードパーティーのアドバイザーはアマゾンやジェフ・ベゾスのためには働きません。いわば、消費者である私たちのために働くのです。私たちは市場を分散型の構造になるように再建する必要があります。そしてそのことは、オープンアクセス、つまりデータへのアクセスをオープンにすることによってしか達成できないのです。

＼ In Detail ／

planned economy：計画経済
　国家が計画して運営する経済。おもに社会主義国家が掲げる経済システムで、国家が生産・流通・分配などをコントロールする。市場が価格調整をする市場経済の対立概念となる。

The Data-rich Market Destroys the Hierarchy

◀ 59

Q: So, how would the data-rich market transform the way companies will be run?

A: So, if the market, the data-rich market, is more efficient in doing the coordination work than the price-based market, then what's the company going to do? See, in the past, when humans wanted to coordinate, they had a choice: Do they coordinate through the market or do they coordinate in an organization like a company, a firm? A company is ❶**hierarchical**, ❷ **centralized**. A market is ❸**decentralized**, ❹**nonhierarchical**.

Q: So, the data-rich market will destroy the hierarchy?

A: Exactly.

Q: In a big way.

A: So, the data-rich market comes in and then pressures the hierarchical company and says, "OK, hierarchical company, now show me how you can be even more efficient than in the past." But the only way that the hierarchical company can be even more efficient is through being more hierarchical. But we already tried that, and there are limits to what can be done. So, the way to, for a company to survive is not to become more hierarchical but to become more market-like, so to bring competition inside the organization, to lower the layers of hierarchy, to create marketplaces inside the company.

Q: More flat?

A: More flat, flat hierarchies. Companies like Daimler-Benz, the car company, is trying to do that, or other companies, they have ❺**internal** ❻ **talent** markets where people inside the company can apply for jobs in a different department, and it's more like a marketplace. Price plays a much smaller role in this context.

💬 Vocabulary

❶hierarchical：階層性の、ヒエラルキー的な　　　❷centralized：集権化された

データリッチ市場は
ヒエラルキーを崩壊させる

Q：データリッチ市場は企業の運営をどのように変えるでしょうか。

A：データリッチ市場が価格ベースの市場よりも効率的に人々を調整させられるなら、企業は何をすることになるでしょうか。過去には、人々が調整したい場合は選択の余地がありました。市場を通して調整したり、企業、会社のような組織内で調整したりしていました。企業はヒエラルキー型で集権化されています。その一方で市場は分散化され、非ヒエラルキー型です。

Q：では、データリッチ市場はヒエラルキーを崩壊させるのですか。

A：そのとおりです。

Q：大きく崩壊させるのですね。

A：データリッチ市場が台頭すると、ヒエラルキー型の企業に「どうやったらこれまでよりも効率的になれるのか」とプレッシャーをかけることになります。しかしヒエラルキー型の企業がより効率的になるための唯一の方法は、よりヒエラルキー型になることなのです。そのようなパターンはすでに試みられましたが、限界があることがわかりました。ですから、企業が生き残る方法は、よりヒエラルキー型になるのではなく、より市場型になって、組織内に競争をもたらし、階層の垣根を低くし、企業内に複数の市場を作り出すことなのです。

Q：もっとフラットになるということですか。

A：もっとフラットに、フラットなヒエラルキーになるのです。自動車会社のダイムラー・ベンツ（現ダイムラー・クライスラー）をはじめとする企業には、そのようなことをしようとしているところがあります。企業内に人材市場があり、社内の人がさまざまな部署の仕事に応募できます。これは企業内の市場のようなものです。この場合、価格が果たす役割はずっと小さくなります。

❸ decentralized：分散化された　　❺ internal：内部の
❹ nonhierarchical：非ヒエラルキーの　　❻ talent：才能

New Rules for the Age of GAFA

🔊 60

Q: Do you think GAFA—you know, Google, Amazon, Facebook and Apple—remain winners?

A: Only if societies and governments don't **❶rein them in**. If we keep doing what we are doing now, then nothing will happen. Big will become even bigger. Because the **❷antitrust** and **❸competition law** that we have is not sufficient, is not good enough. We need a different rule, a different structure. The old antitrust law looked at illegal behavior. Microsoft **❹tying** the browser, the internet browser, with the operating system. But what Amazon does is not illegal. What Google does is not illegal. They are **❺monopolists** by doing everything legally, or most of the stuff legally, so we need different rules for a different age.

Q: If they could remain winners, could it happen that they would affect the decision-making processes of the government in a big way?

A: Absolutely. That is what **❻Joseph Schumpeter**, who is perhaps one of the godfathers of **❼innovation theory**, that was what his biggest fear was in the 1930s and '40s. He talked about the need for innovation and the creative destruction, as he called it. But his biggest fear was that all of the innovation would happen at a smaller and smaller number of larger and larger companies, and then it would be **❽oligopolies**, or monopolies, and that would not be the market anymore in all of its **❾tumultuous** beauty.

💬 Vocabulary

❶ rein ~ in：〜を統制する
❷ antitrust law、❸ competition law：
　p. 185のIn Detailを参照。
❹ tie：〜を束ねる

❺ monopolist：独占企業
❻ Joseph Schumpeter：ヨーゼフ・シュンペーター
　☆現在のチェコ共和国出身の経済学者。

GAFAの時代の新しいルール

Q：GAFA、つまりGoogle、Amazon、Facebook、Appleは勝者であり続けるのでしょうか。

A：社会と政府が統制しない限り、勝者であり続けるでしょうね。今のままだと、何も起こらないでしょう。巨大企業はさらに巨大になります。現行の反トラスト法と競争法が不十分で、有効ではないから、こうなるのです。私たちには異なるルール、異なる仕組みが必要です。旧来の反トラスト法は違法な活動のみを対象としていました。マイクロソフトはインターネットのブラウザ（Internet Explorer）とオペレーティングシステム（Windows）を抱き合わせで販売していました（それが反トラスト法違反とされて司法省から提訴された）。しかし今アマゾンが行っていることは違法ではありません。グーグルが行っていることも違法ではありません。そういった企業はあらゆることを、もしくはほとんどのことを合法的に行い、独占企業になっているのです。ですから私たちには時代に合った異なるルールが必要なのです。

Q：GAFAが勝者であり続けることができたら、政府の意思決定のプロセスに大きな影響を与えるようなことが起こり得るのでしょうか。

A：もちろん起こり得ます。そのことはイノベーション理論の草分けの1人と言っていい、経済学者のヨーゼフ・シュンペーターが1930〜40年代に最も危惧していたことです。シュンペーターは彼が言うところのイノベーションと創造的な破壊の必要性を説きました。そして彼が最も危惧していたことは、すべてのイノベーションがごく少数の大企業でのみ起こるようになり、市場寡占や独占へと陥るということでした。そうなると、もはや好況をもたらす撹乱を備えた市場ではなくなってしまいます。

❼**innovation theory**：イノベーション理論　☆企業者（新しい事業を起こす者）によるイノベーション（革新）が経済発展をもたらすという考え。

❽**oligopoly**：寡占市場　☆少数の大企業が市場を独占すること。

❾**tumultuous**：激動の、撹乱した

Fortunately, when Schumpeter was worried, that didn't happen because the [10] **semiconductor** industry came up. There was enough venture capital available and lots of humans had great ideas. Humans will continue to have great ideas, but in the future, a great idea is not gonna be enough anymore. You also need the data to create the algorithms, the learning algorithms from it. And if you don't have access to the data, you can have the best idea, but you will not be successful. And so we need to ensure that there is access to data.

💬 **Vocabulary**

[10] **semiconductor**：半導体　☆ここではアナログ半
導体のダイオードやトランジスタを指している。

幸いにもシュンペーターが危惧していたことは、当時（1930〜1940年代）は起こりませんでした。半導体産業が登場し、十分なベンチャーキャピタルが存在し、多くの人が優れたアイデアを持っていたからです。今後も人々は優れたアイデアを持ち続けるでしょうが、アイデアだけでは立ち行かなくなります。アルゴリズム、つまり機械学習のアルゴリズムを作るためのデータが必要だからです。データにアクセスできなければ、せっかく最高のアイデアがあっても、成功することはできません。ですから確実にデータにアクセスできるようにする必要があるのです。

＼ In Detail ／

antitrust law：反トラスト法
competition law：競争法
　反トラスト法（米国）と競争法（おもに欧州）は、どちらも日本の独占禁止法にあたる。これらの法律は独占や取引の制限を排して、企業間の自由で公正な競争を確保することを目的としている。

Imposing Data Tax

◀ 61

Q: **❶Thomas Piketty**, you know, came up with the global tax in terms of the distribution of wealth. And you came up with a universal basic income in terms of what?

A: Data.

Q: Data.

A: Well, yes. Thomas Piketty famously and very rightly pointed out that **❷ labor share** in the Western economies is declining, and has been declining, particularly in the United States. That means that employees get less money of the GDP for their work. Economists always thought that that means that **❸capital share** will have to increase, that the capitalists will win, the laborers will lose.

But more recently economists with access to **❹fine-grain** data, like **❺ Simcha Barkai**, showed very impressively that the capital share has also declined. That is, capitalists get less return on the capital that they have. So, if employees lose and if capitalists lose, who is winning? And the winners are profits, corporate profits. Corporate profits at Amazon or corporate profits at Google, or corporate profits at Apple. The only interesting thing is that once Apple has made $100 billion in profits, if they want to invest it, they're not getting much return on the investment because investors lose.

🔊 **Vocabulary**

❶Thomas Piketty：トマ・ピケティ　☆フランスの
経済学者。おもに経済的不平等を研究。

❷labor share：労働分配率　☆企業が生み出した
付加価値全体のうち、労働者に還元される割合を
指す。

データ納税を課す

Q：トマ・ピケティは富の再分配の観点からグローバルな資本課税強化を提案しました。あなたはユニバーサル・ベーシックインカムをどのような観点から提唱されているのですか。

A：データです。

Q：データですか。

A：はい。トマ・ピケティはよく知られているように、西側諸国の経済において、特に米国において、労働分配率が下がっていると正しく指摘しました。このことは従業員がもらう賃金が、GDPに対して比率が低いことを意味します。経済学者はずっと資本分配率が増加すればいいだろうと考えていました。そうすると資本家が勝者になり、労働者が敗者になります。

　しかしもっと最近になると、シムカ・バルカイのようなきめの細かいデータにアクセスできる経済学者は、資本分配率も下がっていることを見事に証明しました。つまり、資本家が持つ資本に対するリターンも減少しているのです。では、従業員も資本家も敗者になるとしたら、誰が勝つのでしょうか。勝者になるのは企業利益です。アマゾンの、グーグルの、アップルの企業利益が勝者になります。興味深いことに、アップルは一度1,000億ドルの利益を出しましたが、その利益を投資に回しても、あまりリターンは得られないのです。なぜなら投資家は敗者だからです。

❸**capital share**：資本分配率　☆企業が生み出した付加価値全体のうち、設備投資、株主配当、内部留保などに使われる割合を指す。

❹**fine-grain**：きめの細かい

❺**Simcha Barkai**：シムカ・バルカイ　☆経済学者。現在、ロンドン・ビジネス・スクール准教授。

So what we are living in, in the world, is not where the rich get richer, but where capitalists, mostly small people who have saved all of their lives, and the same people that have also worked all of their lives, they will get **❻ shortchanged** because they lose on the capital, on their savings, and they lose on the return of their labor, of their work. What we need is to tax the profits better. And to make sure that the source of power of those large company is decreased. And we can do that by forcing them to pay taxes partly in data.

Q: Oh! That's why you came up with the—

A: **❼Data tax**, that's right. So, if Amazon... You know, I don't care whether Jeff Bezos gives another billion to Donald Trump or not. This is not gonna change the world. But what will change the world is if Jeff Bezos opens the data **❽trove** that Amazon has because then thousands of small startup companies will come in and use the data to create even better products. That's what we need. And that's a data tax.

💬 Vocabulary

❻shortchange：〜を不当に扱う　☆原義は「〜に釣銭を少なく渡す」。

❼data tax：データ納税　☆貨幣ではなくデータで納税することを指す。

❽trove：宝庫

ですから、私たちが今生きている世界は、豊かな人たちがますます豊かになる世界ではないのです。生涯働いて貯蓄してきた小規模資本家がそのほとんどを占める資本家層が報われない世界なのです。彼らは資本、貯蓄、労働や仕事に対するリターンで損をしてしまいます。そのため私たちはもっと企業利益に課税して、大企業の力の源泉が必ず減少するようにしないといけません。そして、大企業に納税の一部として、データで納税を行うことを強制することで、それが可能となります。

Q：ああ、だからあなたが考え出されたアイデアは……

A：データ納税です。そのとおりです。もしアマゾンが、ジェフ・ベゾスがドナルド・トランプにもう10億ドル献金しても、世界を変えることはできません。しかし、ジェフ・ベゾスがアマゾンが持つデータの宝庫をオープンにしたら、世界を変えることができるでしょう。何千もの小さなスタートアップ企業が参入して、アマゾンのデータを利用して、さらによい製品を作り出すからです。それが必要なことです。それがデータ納税です。

Universal Basic Income Brings More Options to People

🔊 62

Q: So, how do you explain the universal basic income is all about? It is one of the most ❶**controversial** topics these days.

A: It is very controversial, but it is only controversial in its extreme form— in the extreme form that everybody gets a universal basic income that is sufficient for living. We suggest in ❷**our book** maybe what we need to look at is a universal basic income where that is not enough to live, so people still have to work. But they have more flexibility, more freedom to choose what kind of job they work in, so they don't have to choose the one that pays the highest wage. They can choose one that gives the most satisfaction to them. So that we open up more options for people. Because that will make people happier.

Q: Yeah, because you have only one life to live.

A: That's right. And then you're in a job where you may be earning 20 percent less, but through the ❸**UBI**, through the ❹**partial** universal basic income, you ❺**supplement** it and you're gonna be fine, but you contribute to society. You do something good.

Q: So, you don't have to stick to just one job.

A: You can ❻**split the job up**, right? Today, much like in a price-based market, we have a full-time-employment-based world where you only work either 40 hours or zero. Part-time work is still in the minority. But it would be wonderful if we could combine 20 hours of high-paid work with 15 hours of volunteer work.

💬 **Vocabulary**

❶ **controversial**：論争を呼ぶ、物議を醸す
❷ **our book**：『データ資本主義　ビッグデータがもたらす新しい経済』（ビクター・マイヤー＝ショーンベルガー、トーマス・ランジ著、　NTT出版刊）
❸ **UBI**：universal basic income「ユニバーサル・ベーシックインカム」の略
❹ **partial**：部分的な
❺ **supplement**：〜を補う
❻ **split 〜 up**：〜を分割する

ユニバーサル・ベーシックインカムは
より多くの選択肢をもたらす

Q：ユニバーサル・ベーシックインカム（以下UBI）が一体どういうものであるか、あなたならどう説明されますか。これは最近最も物議を醸しているトピックですが。

A：とても物議を醸していますが、それは誰もが生活するのに十分な額のUBIを受け取るという、極端な形式のUBIだけに対してのものです。しかし私たちの本で提言したことは、生活していくには十分でなく、給付があってもまだ働かなければならない額のUBIを検討する必要があるのではないかということです。そうすると、より柔軟性が出て、仕事の選択の自由度も増します。最も高い賃金を払ってくれる仕事はどれかという観点で選択しなくてもよくなるのです。人々は最も満足感を得られる仕事を選択できます。仕事の選択肢を広げてあげることで、人々をより幸福にすることができるのです。

Q：そうですね。人生は一度だけですから。

A：そのとおりです。そうすると収入が20パーセント減になる仕事に就いていても、UBIで、部分的なUBIで、減った分を補えば問題ないわけです。そしてそれによって社会に貢献できます。何かよいことができるのです。

Q：1つの仕事だけに執着する必要もなくなるわけですね。

A：はい、仕事を分割できますよね。現在はほぼ価格ベースの市場ですが、そこはフルタイムの雇用がベースの世界でもあります。それは週に40時間働くかまったく働かないかという世界で、パートタイムの仕事はまだ少数派です。しかし週20時間の高収入の仕事と、週15時間のボランティアワークを組み合わせることができるようになったら素晴らしいでしょう。

From the Interviewer

　ビクター・マイヤー＝ショーンベルガー氏はビッグデータ研究の世界的権威と言われ、ケネス・クキエ氏との共著『ビッグデータの正体　情報の産業革命が世界のすべてを変える』は世界的なベストセラーとなった。

　氏の名前を世界的に有名にしたのは、「忘れられる権利」を提唱したことだと言っても過言ではないだろう。2014年5月13日、EU司法裁判所はグーグルに対して自分の過去の個人情報を削除するように申し立てたスペイン人男性の訴えを認め、当人に関する情報を検索結果から削除させる判断を下した。これがまさに「忘れられる権利」だ。

　さらに氏はトーマス・ランジ氏との共著『データ資本主義　ビッグデータがもたらす新しい経済』で、市場が貨幣中心市場からデータリッチ市場に移行するという視点を提示した。アマゾンが自社が持つデータをオープンにしない限り同社の市場寡占状態が続くと危惧する氏は、同社はデータをオープンにすべきだと主張する。そうすることで、スタートアップ企業がその厖大なデータを使って、市場に参入することができるからだ。

　氏が提唱する「データ納税」という概念は、私にとってまったく斬新なものだった。例えば自動車メーカーの場合、自社の車載センサーから集めたデータを匿名処理して納税すると、そのデータを政府は安全の向上のために役立てることができるかもしれない。これもデータ納税の一種だろう。

　氏はオーストリア人で、母語はドイツ語である。氏の英語の発音は明瞭で速度も決して速くはないため、日本人にとってはわかりやすいのではないだろうか。英語が母語でない私たちは、発音の正確さはあまり気にしなくてもいいと思う。ネイティブ・スピーカーが抵抗なく理解できる範囲であれば十分だと思っておこう。

- [ ] **comprehensive**
  包括的な
- [ ] **phenomenally**
  驚くほど
- [ ] **preference**
  好み
- [ ] **overwhelm**
  〜を圧倒する
- [ ] **condense**
  〜を凝縮する
- [ ] **namely 〜**
  すなわち〜
- [ ] **transaction**
  取引
- [ ] **advent**
  出現
- [ ] **demise**
  終結
- [ ] **cognitive**
  認知の
- [ ] **subjective**
  主観的な
- [ ] **reflect**
  〜を反映する
- [ ] **find 〜 guilty**
  （人）に有罪判決を下す
- [ ] **vital**
  極めて重要な
- [ ] **robust**
  しっかりした、堅調な

- [ ] **resilient**
  回復力のある
- [ ] **concentrated**
  集中した、集権型の
- [ ] **deliberately**
  意図的に
- [ ] **flaw**
  欠陥、不具合
- [ ] **monopoly**
  独占、独占企業
- [ ] **internal**
  内部の
- [ ] **rein 〜 in**
  〜を統制する
- [ ] **tumultuous**
  激動の、攪乱した
- [ ] **semiconductor**
  半導体
- [ ] **fine-grain**
  きめの細かい
- [ ] **shortchange**
  〜を不当に扱う
- [ ] **trove**
  宝庫
- [ ] **controversial**
  論争を呼ぶ、物議を醸す
- [ ] **partial**
  部分的な
- [ ] **split 〜 up**
  〜を分割する

おわりに

　テクノロジーの発達が資本主義の形を変えていることは間違いないが、資本主義の終わりが到来することはしばらくはないだろう。セドラチェク氏の言うように、資本主義は時代によって変化するからだ。AIについても、人によって意見がかなり異なるところが興味深い。どの見方に賛同するかは読者によって当然違ってくるし、年数が経過しないと結果はわからない。ポール・クルーグマン氏は、予測はほとんどの場合外れるとよく口にする。それは、今世界中で猛威を振るっている新型コロナウイルスのように、将来何が起こるかわからないからである。最初は一見小さな出来事に見えても、瞬く間に世界経済に大打撃を与えるほど大きな問題になる場合もあるのだ。現在、世界を牛耳っていると言ってもいいGAFA（Google、Apple、Facebook、Amazon）の将来も、どうなるかはわからない。規制がますます厳しくなっているからである。

　本書では将来どうなるかということについて学者やジャーナリストが持論を展開しているが、現状に対する分析、批判は少なからず正鵠を射ていると思う。「どうでもいい仕事」が多過ぎるという指摘はデヴィッド・グレーバー氏とルトガー・ブレグマン氏がしているが、それに反論することはできるだろうか。その仕事をしている本人たちがそれを認めているのだから、それは事実である。事実を否定することはできない。

　ベーシックインカムについて最も説得力のある考えを持っているのは、おそらくブレグマン氏であろう。クルーグマン氏は莫大なお金が必要になるという理由で反対しているが、ブレグマン氏は、それを導入しなければ先進国は経済的に立ち行かなくなると考えている。先進国は今、貧困が存在するゆえの費用を莫大に負担しているからだ。貧困を減らすだけでその費用がかなり減るので、ベーシックインカムを導入したほうが総合的に見て安くつくというのがブレグマン氏の考えだ。

　時代の変化を的確にとらえているのがトーマス・フリードマン氏である。彼が今の時代を「フラット・ファースト・スマート」化してい

ると端的に表現したのは見事だ。しかしだからと言って、時代の変化の速さに飲み込まれてはいけない。私から見ると日本はすでに飲み込まれているようだが、皆さんはどうお考えだろうか。「日本人は才能にあふれ、インフラも立派で、教育も素晴らしく、民主的なプロセスもあり、強い家族観もある、すべてが揃った国であるように見えるが、全体を見ると、その1つ1つをすべて足したようには思えない」とフリードマン氏は言う。耳の痛い言葉であるが、そのとおりである。何かが欠けているのだ。そうでなければ、日本はもっと繁栄しているはずだとフリードマン氏は述べている。日本に欠けているものの1つはオープンさで、リスクを進んで取る外国人の経営者が少ないことも挙げられるだろう。

　日本には英語の問題もある。私は日本語をおろそかにしてもいいと言っているのではない。セドラチェク氏、ブレグマン氏、ショーンベルガー氏のように、英語が外国語であるにもかからわず、母語とまったく変わらないレベルで自己表現できることが重要であることを、まだまだ日本人は認識していないと思うのだ。

　本書のインタビューで彼らの英語を聞くことで、片言の英語でいいという発想を捨てて、外国語である英語も努力によって母語と同じくらいのレベルに達することができるということを改めて認識していただきたい。世界の知性と直接渡り合えるように日々努力することは、人生の1つの大きなやりがいになるのではなかろうか。

　　　　　　　　　　　　　　　　　　　2020年4月　東京にて
　　　　　　　　　　　　　　　　　　　大野和基

【著者プロフィール】

大野和基（おおの・かずもと）

国際ジャーナリスト。1955 年、兵庫県生まれ。東京外国語大学英米語学科卒業後、1979 年渡米。コーネル大学で化学、ニューヨーク医科大学で基礎医学を学ぶ。国際情勢や医療問題について精力的にリポートするとともに、世界の要人への単独インタビューを数多く成功させている。

本書は『未完の資本主義』（PHP 研究所）に掲載されたインタビューの一部の英語スクリプトと対訳を掲載し、英語学習向けにアレンジしたものです。

英語で理解する　未完の資本主義

発行日　　　2020 年 4 月 21 日（初刷）

執筆・編集　　大野和基
企画・編集　　株式会社アルク メディアビジネス推進部
翻訳・編集　　熊文堂
校　正　　　市川順子
英文校正　　Peter Branscombe、Margaret Stalker

カバーデザイン　小口翔平＋加瀬梓（tobufune）
カバー写真　　ロイター／アフロ
本文写真提供　大野和基
DTP・デザイン　朝日メディアインターナショナル株式会社
印刷・製本　　日経印刷株式会社
発行者　　　田中伸明
発行所　　　株式会社アルク
　　　　　　〒 102-0073　東京都千代田区九段北 4-2-6 市ヶ谷ビル
　　　　　　Website：https://www.alc.co.jp/

訂正のお知らせなど、ご購入いただいた書籍の最新サポート情報は、以下の「製品サポート」ページでご提供いたします。
製品サポート：https://www.alc.co.jp/usersupport/

地球人ネットワークを創る

アルクのシンボル
「地球人マーク」です。